大妻ブックレット ⑦

ミュージアムへ行こう

知[illegible]冒険

大妻ブックレット出版委員会［編］

目次

第五部　古代から現代の歴史資料との出会い

第六部 自然と科学の世界

はじめに

世界の博物館関係者が組織する国際博物館会議は、博物館を次のように定義している。博物館とは「社会とその発展に貢献するため、有形、無形の人類の遺産とその環境を、教育、研究、楽しみを目的として収集、保存、調査研究、普及、展示する公衆に開かれた非営利の常設機関」である（同会議規約第三条）。その範囲は広く、博物館法（一九五一年）は、歴史、芸術、民俗、産業、自然科学等の分野を挙げ、収集資料を教育的配慮の下に一般公衆の利用に供するとしている（第二・第三条）。名称は、博物館、美術館、資料館、文学館、歴史館、科学館、動植物園などと多様であるが、いずれも法的には「博物館」というらしい。とはいえ、すこし違和感もあるので、本書では一括してミュージアムと呼ぶことにした。その目的に教育、研究が掲げられているように、大妻女子大学でも講義、ゼミ、実験などの場で、さまざまなミュージアムを紹介し、学生自身が問題関心を広げ、探究し、そして楽しむことを推奨している。本書は、学生にぜひ訪ねてほしいと考える首都圏のミュージアムを紹介している。

博物館法に規定される登録博物館は、日本に九百数十館あり、博物館相当施設を加えると五千数百館を数えるといわれている。良くも悪くも一極集中が進んでいる首都圏には、ミュージアムも集中しており、テーマも多岐に及んでいる。それぞれの分野ごとに専門性の高いものや、娯楽性を重視したミュージアムがある。ネット検索でも多くのミュージアムの紹介記事や画像を探すことはできるが、学生には一歩踏み出し、実際に訪ねてもらいたい。ミュージアムの敷居を下げるガイドとなればと考えている。

本書では、ミュージアムを大きく、六つに区分して紹介した。紹介は主に、収蔵品、常設展示物を中心とした。常設展示がなく特別展中心のミュージアムであっても、特定のテーマを設定し、ユニークな企画・展示を続けている場合は、過去の企画を中心にその特色を紹介することにした。

第一部「美術作品にかこまれた街へ」は、首都圏に数多くあり、世界の名品を集めた美術館を紹介している。首都圏で生活していると気づきにくいかもしれないが、これほどまでに多くの名画、名作に囲まれていることに改めて驚かされるのではないだろうか。

第二部「文芸世界への旅」は、文学作品にまつわる収蔵品や、絵本、貴重書を所蔵する特色ある図書館を紹介し、訪れることで作品世界を堪能する旅のガイドとした。

第三部「先人たちの空間設計」は、建築、庭園を紹介している。首都圏には、名建築や特色ある建物を移築、再配置して、広大な敷地にかつての江戸や東京の都市空間を再現した施設がある。都市住人の長屋などを再現した施設や、あるいはそのままの形で保存され、現在に暮らしぶりを伝える古民家などもある。こうした歴史的な空間設計から先人たちの美意識を感じ取り、暮らしぶりを体験してほしいと思う。

第四部「庶民の娯楽とくらし」は、伝統芸能、娯楽、玩具、装束、手工芸、趣味の世界を紹介するミュージアムを取り上げた。近世・近代の民衆の日々の楽しみを堪能できると思う。その中にあって、大妻女子大学博物館は、やや異質かもしれない。ここには、一九〇八年に大妻コタカが自立した女性の育成を目指して裁縫・手芸の私塾を開いた大学設立当時を忍ばせる「くらしの知と美」を伝える工芸品を収蔵・展示している。

第五部「古代から現代の歴史資料との出会い」は、古代社会の習俗、文化を伝える資料や、幕末・明治以降の激動の近現代史を伝える特色あるミュージアムを数多く紹介している。近代日本の経済・経営の歴史を代表する渋沢栄一の資料や、金融や通信の担い手である日本銀行や郵政省の資料は、系統的に日本の近現代を辿ることができるだろう。また、現代史の最大悲劇であった戦争を記録した資料館は、現代人が決して目を背けてはいけないミュージアムである。

第六部「自然と科学の世界」は、今回あまり多くを紹介できなかったが、最新技術とアートの融合、宇宙探査の最前線、環境問題などを体感できるミュージアムを取り上げた。

本書を導きの糸として、多くの若い人たちにミュージアムを訪れていただき、知見を広げる機会となることを祈念している。

大妻ブックレット出版委員会

第一部　美術作品にかこまれた街へ

1 建物は世界遺産、日本で唯一の国立西洋美術館

国立西洋美術館（上野駅／東京都台東区）

国立西洋美術館（以後、西美）は、西洋美術のコレクションを有する日本で唯一の国立美術館である。西洋近代絵画を中心とした名品を所蔵している。一九五九年に開館した本館の建築は近代建築の巨匠ル・コルビュジエで、二〇一六年にユネスコの世界遺産に登録された。地上三階、地下一階、塔屋一階の鉄筋コンクリート造りの建物は日本で唯一のル・コルビュジエ作品である。現在はこの本館と新館、企画展示館からなっている。新館は設立二〇周年を記念してル・コルビュジエの弟子、前川國男によって一九七九年に竣工。一九九七年には二一世紀に向けて美術館活動の一層の充実を図るという意図で企画展示館が完成し、まさにル・コルビュジエの「無限成長美術館」という基本理念に基づいた建築である。このように西美はその所蔵作品だけでなく、建築にも作品としての魅力がある。現在本館と新館は主として常設展示、企画展示館は企画展に使われている。

西美の収蔵作品数は五七七二点、寄託三一九点（平成二八年現在）。常設ではその所蔵作品である中世末期から二〇世紀初頭にかけての西洋絵画（特にモネをはじめとするフランス近代絵画）、またロダンを中心としたフランス近代彫刻コレクションを展示している。前庭ではロダン作品《考える人》で有名な《地獄の門》やブールデルの彫刻が美術館を訪れる人を迎えてくれる。さらにデューラーをはじめとする三七〇〇点を超える版画コレクションも重要な柱となっている。膨大な所蔵品の核となっているのは「松方コレクション」である。

美術館の基本的役割は作品の収蔵とコレクションの充実、美術教育である。美術館は教育機関としての大きな役割を持っているが、「松方コレクション」は日本における美術教育という役割の重要性を見据えて形成された。美術館は西洋の名品を海を渡ることなく見ることができる便利な「場所」であるが、その所蔵品蒐集の背景や展覧会企画の意図を知るとさらに美術鑑賞は何倍も興味深いものとなるだろう。そこで、ここでは西美の所蔵品の核となっている

「松方コレクション」の成り立ちについて紹介したい。

松方幸次郎（一八六五～一九五〇）は、川崎造船所（現、川崎重工）の初代社長で、明治時代に二度首相を務めた松方正義の息子である。松方幸次郎はなぜその豊かな財力を美術品の蒐集に投じたのだろうか。「松方コレクション」は、公開することを前提として蒐集された。松方は美術館建設を国家事業として捉えていたが、当時日本にはまだ美術館がなかった。この実業家はまた、日本の画家たちがヨーロッパの本物の油彩画を実際に知ることなしに描いていることにも疑問を感じていた。そこで自らの所有地に美術館を建設することを計画。「共楽美術館」の建設構想である。松方の西洋美術蒐集はそこから始まっているが、結局その構想は実現せずに終わった。一九一六年以降三回にわたるヨーロッパ滞在期間に蒐集した「松方コレクション」の正確な数は不明であるが、ヨーロッパ絵画、彫刻、工芸品は二千点を超えていたと考えられている。しかし、会社経営のための売却や美術作品を預けていたロンドンの倉庫火災による焼失でその数は激減した。さらには第二次世界大戦中フランス政府によって押収され、その後「松方コレクション」が日本にたどり着くまでにはかなりの時間と労力を要した。大戦後にコレクション三七一点が寄贈返還され、それを収蔵、展示するための美術館が建設された。一九五九年に開館した国立西洋美術館であり、松方が没して九年後のコレクションの帰還であった。

このように国立西洋美術館開館の背景には一人の日本人実業家が国の経済、技術、文化水準の向上、そして海外と対等に渡り合える国際感覚を視野に入れて作品蒐集に奔走した姿がある。ヨーロッパ的文化水準に並ぼうとした日本の時代背景が投影されている。「松方コレクション」の辿った運命は悲劇的かもしれないが、現在私たちはようやく安住の地を得た「松方コレクション」を「共」に「楽」しんでいる。

少しずつ変わってきてはいるのだろうが、日本では美術館へ行くことは観劇と同様、まだまだ特別なことのように感じる傾向があるようだ。「お出かけモード」になる特別展は別として、「上野で空き時間ができたからちょっと西美でモネを観て帰ろう！」という「お散歩・立ち寄り感覚」で《睡蓮》の前に立ってみたら素敵ではないかと思う。そして館内のカフェテリア「すいれん」でコーヒーでも飲みながら松方さんに感謝してみてはいかがだろうか。二〇世紀初頭に一人の日本人実業家が、ヨーロッパでこれだけの美術作品を収集し、そのかなりな作品が失われてしまったとはいえ、大戦をはじめとするさまざまな困難をかいくぐって、ヨーロッパから見れば極東の地である日本にあることがどれほど数奇なことか！

国立西洋美術館は、二〇二〇年の秋から長期休館となっていたが、二〇二二年春にリニューアル・オープンした。二〇一六年に美術館がユネスコの文化遺産に登録された際に前庭のル・コルビュジエによる当初の設計意図が一部失われているという指摘があったそうである。そのため、この二〇世紀近代建築の巨匠の設計意図に可能な限り戻すために改修工事が行われた。果して私たちは、その空間で近代建築理論家ル・コルビュジエの当初の設計意図を理解できるだろうか。そんなことはどうでもよい！「共」に「楽」しい時間を過ごすことができる美術館なのだから、と松方さんも近代建築の巨匠も言ってくれるに違いない。

＊ユネスコ世界遺産「ル・コルビュジエの建築作品―近代建築運動への顕著な貢献―」の構成遺産として登録

（比較文化学部比較文化学科／貫井一美）

2　美術で考える日本近代史

東京国立近代美術館（竹橋駅／東京都千代田区）

勤務先の大妻女子大学から、皇居と北の丸公園の間を歩いて二〇分。いちばん近くにある大型美術館だ。一九五二年、京橋に開館し、一九六九年に現在地の竹橋に移転した。

二〇二二年現在の所蔵点数は一万三〇〇〇点以上。日本有数の規模を誇る。ルーブル美術館の三十万点やエルミタージュ美術館の三百万点と比べれば、桁は違うけれど、王侯や富豪のコレクションが基になったわけではない。一から自力でコツコツ集めてきた。

日本画、洋画、版画、彫刻、写真など美術の全ジャンルにわたる所蔵品は、常設展で年四期ほどに分け、約二百点ずつ展示される。キャンパスメンバーズ会員校の学生なら、常設展はいつでも無料だ。これは行くしかないだろう。

館内を案内しよう。エレベーターで四階に上がる。展示は明治から現代まで、ほぼ年代順に構成されている。最初は「ハイライト」と名付けられた部屋だ。照度を落としてあり、ほの暗い中に、重要文化財級の洋画や日本画が浮かび上がる。

いま「洋画」と言った。洋画とは何だろう？「西洋絵画」の略ではない。西洋絵画の技法を、日本の画家たちが学習して作り上げたジャンルだ。一九〇七年の第一回文部省美術展覧会（文展）で、そう命名された。ここにある初期の「洋画」には、明治の画家たちの格闘の跡——油絵具だとか、明暗の表現だとか、人体のリアルなプロポーションだとか——が如実に表れている。

先へ進もう。すると、だんだん「板に付いた」感じの作品が増えてくる（「板」ではなく布だけれど）。それと同時に、萬鉄五郎「裸体美人」（一九一二年）のように、個性的な絵も増えてくる。これは日本の画家に自信が付いたからでもあるし、同時代の西洋絵画（たとえばゴッホ、ゴーギャン）が自由度を増していたことの影響でもある。そして「大正デモクラシー」という時代の表現でもある。

さて、ここで重要な問いが出てくる。「大正デモクラシーを謳歌した日本人が、なぜ直後に、破滅的な戦争に突入していったのか？」これは日本近代史上、最大の謎のひとつだ。常設展の「ＭＯＭＡＴコレクション展」では、この謎が、繰り返し探究されている。ある回には「国民の自我の拡張が、国土の拡張を求めたから」と分析された。またある回には、「関東大震災のトラウマによって、人々が日常と娯楽に閉じこもり、政治や戦争に無関心になったから」と説明された。

この謎を考えるのに欠かせない材料は、四階にあるシュルレアリスム絵画と、三階にある戦争記録画だ。日中戦争が始まった年に描かれた北脇昇のシュルレアリスム絵画「空港」（一九三七年）は、ひそかに軍を批判しているともとれるし、独自の秩序にこだわることによって、時流に抵抗しているともとれる。

戦争が始まると、シュルレアリスム絵画のような前衛的な画風は弾圧された。多くの画家たちが軍部に協力し、戦争記録画の制作に携わった。敗戦後にＧＨＱが接収した記録画一五三点は、一九七〇年代に日本に戻され、当館に無期限貸与される。二〇一二年の初公開以来、常時一〇点前後が展示されている。

よく知られた戦争記録画が、「アッツ島玉砕」（一九四三年）をはじめとする藤田嗣治の作品だ。戦前、パリに住み名声を博していた藤田は、どんなつもりで記録画制作に携わったのだろう。一九四三年の第二回「大東亜戦争美術展」巡回展は、全国で一五万人を動員したというが、当時の観客たちは、日本兵の死体に埋め尽くされた藤田の凄惨な画面を見て、何を感じただろう。藤田は戦後、「戦争協力者」との非難を一身に浴び、日本を去ることになる。その非難は、正当だったのか。

戦争をめぐる問いは、三階の戦後美術の展示でも続く。たとえば岡本太郎に代表される「原始的なもの」への志向は、戦前の「皇国史観」に対する反省から、戦後に考古学の研究が進んだ成果だった。戦後の高度経済成長への反動でもあった。また端的に、空襲や核爆弾がもたらした焦土の結果でもあったという。このフロアには、戦後のビキニ環礁水爆実験で被爆した第五福竜丸を描く、岡本の「燃える人」（一九五五年）も展示されている。

二階の現代美術の展示に進もう。無数のプラモデルの米兵が箱を登る「ポリリズム」（一九九一年）は、村上隆の初期の立体作品。日本製の精密なミリタリー・プラモデルは、敗戦国の屈折した成長を物語っているし、在日米軍基地の存在も意識させる。そういえば作品の底部にはキャスターが付いていて、「外圧に押されて、ゆらゆら動く日本政府」を諷刺してもいるようだ。

近年、当館には外国からの来館者も多い。日本の近代化の過程や、戦争の捉え方、災害との向き合い方には、強い関心が持たれている。国立の美術館として、当館がそれらのテーマを真摯に誠実に探究している意味はとても大きいと私は思う。

ここまで館内を駆け足で見てきたが、他にも見所はたくさんある。三階の写真室には、有名写真家の入手困難な初期の写真集が、オリジナルプリントで展示されていて貴重だ。「ギャラリー4」と呼ばれる二階の最後の部屋では、グラフィックデザインやプロダクトデザインを中心に興味深い展示がされている。

リピーターになったら、日本画（三階の日本画室ほか各所にある）と洋画や現代美術との比較もしてみたい。「日本画とは伝統技法を用いて花鳥風月を題材にするもの」という見方は、皮相であることに気づくはずだ。実際には、日本画家が西洋絵画の技法を採り入れたり、西洋やアジアを画題にしたりすることは少なくない。逆も言える。現代美術家の草間彌生や村上隆がもともと日本画を描いていたことを、あなたは知っているだろうか？　作品にその痕跡を探してみよう。

それでは、放課後に展示室でお目にかかれることを。

（比較文化学部比較文化学科／米塚真治）

3 トーハクで日本と東洋のトラッドを身につける

東京国立博物館（上野駅／東京都台東区）

なぜトーハクに

「トーハク」の愛称で親しまれる東京国立博物館は、一八七二年に創設された日本を代表する博物館で、日本および東洋諸地域の文化財を収集・保管・展示しています。

皆さんは、トーハクに行ったことがありますか？　なぜトーハクのような博物館に行くのでしょう？　色んな答えがあるでしょうが、筆者なら、「日本と東洋のトラッドを身につけるため」と答えます。

トラッドとは伝統的なもののことです。流行にとらわれない定番の服装をトラッドと言いますが、今、定番と呼ばれているスタイルもかなり前に生まれており、長い年月を経て、価値観の変わった人にも愛用されているスタイルが定番、つまりトラッドと呼ばれているのです。

トラッドの宝庫

トラッドは、古典と言い換えてもいいでしょう。古典は時代の淘汰に耐えて残った絶対的なよさを有しているものです。だから私たちは、古典を学ぶことにより、絶対的なよさを身につけることができるのです。

また、私たちの大学での学びも、つまるところ、トラッドを身につけ、将来何がトラッドになるのかを見極める眼力を具えるようにすることなのかもしれません。

トラッドを身につけるためには、すでにトラッドになっているものを多く見るに越したことはありません。トーハクにあるものはすべてトラッドであり、トーハクはトラッドの宝庫です。

筆者とトーハク

筆者は学生時代、芸術を専攻していたので、トーハクによく行きました。主に、中国の書画を見ていましたが、歴代の名品上に印鑑がいくつも押されており、それが賞鑑家と呼ばれるコレクターが押したものだと知ると、興味がわき、卒論のテーマにしてしまいました。

また、トーハク所蔵の中国書画の多くが「高島菊次郎氏寄贈」とあるのにも興味を持ちました。高島氏は、王子製紙社長を務めた明治、大正、昭和期の実業家で、自ら蒐集した中国書画をトーハクに寄贈しています。筆者はなぜ実業家が書画をコレクションするのかというテーマを設定し、同じく芸術を専攻していた妻と一緒に高島氏の研究をしたりもしました。

ぜひトーハクへ

その高島氏旧蔵品の一つに、中国元代の趙孟頫（ちょうもうふ）筆「蘭亭十三跋」があります。これは趙孟頫が東晋時代の書聖・王羲之（おうぎし）「蘭亭序」の拓本を譲り受け、その鑑賞文を一三回にわたって書き、「蘭亭序」全文の臨書を添えたものです。筆者は、トーハクでこの作品を直接観る機会に恵まれました。その時、墨色が単調な「黒」ではなく、なんとも奥深い「青」だということがわかったのです。このような発見は、実物に接してはじめてできるもので、トラッドの真のよさを味わえました。

トラッドの宝庫であるトーハクは、興味と発見の宝庫でもあります。大切に育めば、大きな花を咲かせてくれるでしょう。皆さんもぜひ、トーハクに足をお運びください。

（文学部コミュニケーション文化学科／松村茂樹）

4　日本における写真の殿堂

東京都写真美術館（恵比寿駅／東京都目黒区）

東京都写真美術館が開館する前、美術館に写真が収蔵・展示される機会は限られていた。横浜美術館（二〇二三年まで一時休館中）には一九八九年の開館当初から写真展示室があり、神奈川県出身の筆者はそこで写真に親しんでいたけれども、これはあくまで例外。当時、ほかに写真の常設展示があったのは一九八三年開館の土門拳記念館（酒田市）と、一九八八年開館の川崎市市民ミュージアム（二〇一九年から長期休館中）のみ。写真家が作品を発表する場は、もっぱら雑誌や写真集、そして百貨店の催事場だった。

だから、東京都写真美術館が一九九〇年に開設されたのは大きな出来事だった。一九九五年には恵比寿ガーデンプレイスに移り、本格的に開館する。その功績を一言で言えば、日本人に写真を「現代美術」として認知させたことだ。

一九九〇年代には「町おこし」の一環として、地元ゆかりの有名写真家をフィーチャーした美術館が全国各地にオープンする。写真専門のギャラリーもできる。レンズ付きフィルムやプリクラの流行、デジタルカメラや携帯電話がスナップ写真を身近なものにしたこともあり、二〇〇〇年代以降、写真は一般の美術館でも人気のコンテンツになった。だが現在でも、日本における写真の収集・展示・調査研究の総合拠点として、東京都写真美術館の地位に揺るぎはない。

日本最大の包括的な写真コレクションを有しており、その数は二〇二二年現在で三万点を超える。横浜美術館は約四三〇〇点、本書2で紹介している東京国立近代美術館（写真の収集を始めたのは一九九五年から）は約三千点だから、その規模の大きさが知れる。他に映像作品二六〇〇点、写真関係資料三九〇〇点近くを収める。

当館の近年の展示は、おおよそ三種類に分けられる。主催する写真展。外部の企画によるファッション・フォトやコマーシャル・フォトの展覧会。ドキュメンタリー映画を中心とした映像作品の上映。これに年一回の世界報道写真展、恵比寿映像祭、年二回の公募写真展を加えれば、当館の年間スケジュールをほぼ網羅したことになる。

本書では所蔵作品展を中心に紹介する方針なので、そうしよう。当館の豊富なコレクションから、特定のテーマのもとに数百点を選び出し、年三期ほどに分けて行われるのが、所蔵品展「ＴＯＰコレクション展」だ。二〇〇五年、総合開館一〇周年記念として「写真の歴史」をたどったのが第一回。以降、二〇〇七年に「昭和」、二〇〇八年「アメリカ」と続く。これらはとても充実した展示で、新潮社「とんぼの本」シリーズで書籍化された。その後も「旅」「こども」など、興味深いテーマが続いた。特に二〇一一年の後者は「戦争とこども」「こどもを撮る技術」「こどもの原風景」と秀逸な切り口だった。

本稿執筆時点（二〇二二年）のＴＯＰコレクション展のテーマは、春が「光のメディア」。夏が「メメント・モリ」、つまり「死を忘れるな」。この「困難な時代」を「前向きに生き抜く」ための展示だという。

多彩な企画展の中では、ジェンダーやフェミニズム関連の展覧会が、先駆けとして特筆される。二〇〇六年から続く「日本の初期写真」の連続企画も目を惹く。当館の所蔵品を中心に、国内のミュージアムや研究機関の所蔵品を加え、所蔵作品展に準じる形だ。

当館の収蔵写真のうち、海外の作家の作品は二割に過ぎない。「重点収集作家」に指定した五二名（荒木経惟、木村伊兵衛、篠山紀信、藤原新也、ホンマタカシ、森山大道ら）は全員が日本の写真家だ。日本の現役作家の収集と展示には、特に力を入れている。

新進作家のためには公募展と「日本の新進作家」展があり、本人所蔵の作品が展示される。中堅以上の作家には、作家単独の展覧会も企画される。当館所蔵作品をベースに、「この人をもっと広く紹介したい」という思いから、作品をさらに取り寄せて行われる。概して、作風に一貫性のある作家が、高く評価される印象だ。なにか一つの被写体に特化している（山岳、廃墟、鳥類、祭祀）とか、一つの技法にこだわりを持つ（長時間露光、ピンホールカメラ）とか。

そういう中で筆者に強い印象を残したのは、ロンドンを拠点に活動している米田知子の展覧会（二〇一三年）だ。米田は、二〇世紀の戦争や迫害、災害に関わった場所を巡り、その現在の姿をカメラに収め続けている。

のちに「重点収集作家」に加えられた米田もそうだが、海外で活動するゆえに日本国内では知名度の低い日本の作家もいて、そういう作家を「逆輸入」しようとする活動も目立つ。もちろん、超ベテランや物故者の再発見・再評価をめざす回顧展も行われる。後者のうち、目からうろこが落ちたのは、知られざるモダニスト、堀野正雄の回顧展（二〇一二年）だ。

キュレーターはどんな意図で企画したんだろう？と想像しながら当館の展覧会を見てみると、より楽しめるかもしれない。

ただ、作品の力がものすごく、観客のそんな構えを吹き飛ばしてしまうような展示も、なかにはある。二〇一六年、総合開館二〇周年記念に、二フロアを使って行われた杉本博司展がそうだった。シニカルな文明批評のインスタレーションと、廃墟になった映画館のスクリーンを長時間露光した写真に、筆者は圧倒された。川内倫子展（二〇二二年）の、光と死と生にみちた神々しさも忘れがたい。読者の皆さんにも、そんな出会いがあることを願う。杉本も川内も「重点収集作家」に指定されており、TOPコレクション展でも展示される。

当館のチケットは映画や美術館の特別展よりも安い。調べずにふらっと行っても、四フロアのどれかで気になる展覧会や上映会をやっていて、何かしら発見がある。そして恵比寿ガーデンプレイスは広々していて、好きな場所で空を見上げてのんびりできる。都心生活で気分がふさいだときなど、特にお勧めの場所だ。

（比較文化学部比較文化学科／米塚真治）

5 アーティゾン美術館（東京駅・京橋駅／東京都中央区）
近代絵画の東西交流を学ぼう

二〇二〇年、東京駅のすぐ近くにアーティゾン美術館が開館しました。けれど誕生したばかりの美術館というわけではありません。この美術館はかつてブリヂストン美術館という名称で、その頃から数えれば七〇年以上の歴史を誇ります。常設展の中核を成すのは、明治期日本の洋画、そして、当時の日本人画家たちが手本にしてスタイルを学んだ印象派などの西洋近代絵画です。つまりここは、近代の日本絵画と西洋絵画の交流を学ぶことができる美術館なのです。

アーティゾン美術館の近代日本洋画コレクションを代表する画家のひとりが、青木繁です。青木の《海の幸》（一九〇四年）は、教科書などで見たことがある人も多いでしょう。藤島武二はヨーロッパへの留学経験もあり、東京美術学校（現在の東京藝術大学）で教鞭をとっていた画家です。藤島の《天平の面影》（一九〇二年）には、古代への憧れが静謐な雰囲気の中で美しく表現されています。このふたりをはじめとする明治期の洋画家たちに影響を与えた、フランスの印象派などの西洋近代絵画コレクションも充実しています。ピエール＝オーギュスト・ルノワールやクロード・モネはもちろん、数少ない印象派の女性画家ベルト・モリゾの作品も必見です。ほかにも、雪舟の水墨画や尾形光琳の屏風、古代ギリシアの彫刻、さらにはピカソやポロックなど二〇世紀の絵画に至るまで、幅広いジャンルの作品が揃っています。

こうしたコレクションの基礎を築いたのが、自動車タイヤなどの化工品製造で知られる株式会社ブリヂストンの創設者、石橋正二郎です。福岡県久留米市出身の石橋は同郷の画家である坂本繁二郎や先述の青木繁ら日本洋画家の作品収集につとめ、戦後には西洋近代絵画の収集に尽力しました。そうして一九五二年、自身のコレクションを一般公開するために、京橋にあったブリヂストン本社ビルの一部をブリヂストン美術館として開館したのです。それから半世紀以上がたち、二〇一五年からの休館を経て、二〇二〇年にアーティゾン美術館という新しい名前の下に再開されて、現在に至ります。なお「ARTIZON（アーティゾン）」は、“ART（アート）”と“HORIZON（ホライゾン＝地平）”を組み合わせた造語で、時代を切り拓くアートの地平という意味だそうです。

注目のイベントも紹介しましょう。ブリヂストン美術館だった頃から毎週土曜に開催されている講演会「土曜講座」は、二〇二二年現在で通算二三〇〇回を超え、たとえば一九五二年には武者小路実篤が講座を担当するなど、多くの専門家が登壇してきました。また石橋財団コレクションと現代美術家が共演する「ジャム・セッション」も人気です。社会とのかかわりを重視しているため、子どもから大学生までは展覧会を無料で鑑賞できる（二〇二二年現在）というのも、嬉しいですね。ぜひ訪れて、近代絵画や様々な作品を身近に感じてください。

（比較文化学部比較文化学科／岩谷秋美）

6 文化都市の近現代美術ミュージアム

東京オペラシティアートギャラリー（初台駅／東京都新宿区）

京王新線初台駅は東京オペラシティタワーと新国立劇場に直結している。東京オペラシティタワーと新国立劇場を合わせて東京オペラシティ街区と称しているが、東京オペラシティタワーの住所は新宿区西新宿、新国立劇場のそれは渋谷区本町であり区境となるその間にガレリアと呼ばれる階段がある。ガレリアは多くのトレンディドラマのロケで使われ、ここで記念撮影をする人は多く、インスタ映えのするスポットである。

東京オペラシティタワーにはここで紹介する東京オペラシティアートギャラリーと53で紹介するＮＴＴインターコミュニケーション・センターという二つの文化施設がある。

新国立劇場は東京工業試験場の跡地に建設されたが、東京オペラシティタワーの敷地には地権者が複数おり、この地権者の構成がこのビルの文化施設に大きく影響した。そのうちの一つがＮＴＴであったことからＮＴＴインターコミュニケーション・センターが置かれているわけであるが、そのほかにも寺田小太郎氏の存在を忘れてはならない。寺田氏は滋賀県の家系で造園業を営んでいたが、日本有数の美術品コレクターであり、その作品数は四〇〇〇点以上と言われている。寺田氏は東京オペラシティビルの共同事業者として、ミュージアムを創設するために収蔵するべき作品の蒐集に努め、これらを寄贈し、一九九九年に東京オペラシティアートギャラリーがオープンしたのである。東京オペラシティタワーには音楽関係の施設もコンサートホール（タケミツメモリアル）、リサイタルホール、近江楽堂と三つあるが、近江楽堂は寺田氏のルーツが滋賀県であることから、旧国名の近江の名を冠している。

この東京オペラシティアートギャラリーは年に四回程度テーマを変えて展覧会を行っている。展覧会は、企画展、収蔵品展、若手作家の個展となるProject Nという三つから構成されている。

企画展は絵画、彫刻、写真、映像、デザイン、ファッションと多岐にわたるテーマで企画され、エントランスのある三階のフロアで行われる。この東京オペラシティアートギャラリーでの企画展が国内初の個展という作家も少なくない。企画展の対象となる作家が活躍中のケースが多く、キュレーターと作家が開幕の直前まで展示作品や展示方法を検討している。これは展示施設であるこのギャラリーの建築が他のミュージアムにはない可能性を秘めていることに起因する。まず、空間としては天井が非常に高い。部分的に高さのあるミュージアムは少なくないが、フロア全体の高さが六メートルというミュージアムはそうないであろう。また、彫刻などの場合は重さも考慮しなくてはならない。彫刻作品を展示することも考えた設計となっている。そして、作品と空間の調和を考えるうえで照明は重要なポイントである。自然光を取り込むとともに照明設備も特殊なものを利用している。このような恵まれた環境で、作家とキュレーターは作品群の価値を最大化するために開幕の直前まで試行錯誤を続けるのである。したがって、通常のミュージアムでの展覧会では販売されている「図録」が発行されないことも多い。

一つ上の四階のフロアでは収蔵品展とProject Nが行われる。収蔵品展というと通常の美術館や博物館の常設展をイメージされる方が多いだろうが、常設展というレベルを超越している。前述した寺田氏が蒐集した寺田コレクションの中から毎回テーマを決めた作品群を選び、展示している。寺田コレクションは日本を代表する抽象画家の難波田龍起・史男親子の作品が有名であるが、それ以外の多数の国内外の戦後の美術作品も蒐集しており、それらの中から選択して第二の企画展を見ることができる。このようなミュージアムもまた珍しいであろう。

そしてProject NのNは難波田のイニシャルである。最後の順路となるこのコーナーは若手作家の個展であるが、その作家が将来どのような成長をたどるのかを想像するだけで楽しい。作品の遙か向こう側を眺めることのできる一時である。

さて、東京オペラシティタワーには、コンサートホール（タケミツメモリアル）、リサイタルホール、近江楽堂という三つの音楽ホールもあるが、これらのホールではオペラは上演されずオペラは別の建物である新国立劇場で上演されるのである。

これには余談がある。一九九三年くらいだったであろうか、私がパリでNTTインターコミュニケーション・センターの企画にかかわっていた際、日本から国際電話で相談があった。電話の要件は「東京オペラシティタワーという建物名にしたいのだが、この建物ではコンサートは行ってもオペラは上演しないがどうすればいいか」というもの。これに対する私の回答は明確であった。「パリでもオペラ座ではオペラを上演していない。オペラを上演しているのはバスチーユの新オペラ座であり、本家のオペラ座ではオペラを上演しないのだからいいではないか（ちなみに現在ではオペラ座でもオペラを上演している）」ということで、オペラを上演しない東京オペラシティタワーが誕生したのである。

ところが、これが悲劇を生んだ。初台駅には東口と中央口（中央口はさらに北口と南口に分かれる）の二つがあるが、中央口と結ばれている新国立劇場で上演されるオペラを見に来た人が、「東京オペラシティ」と書かれている東口に間違って出てしまい、間違いに気が付いてから新国立劇場に向かい、開演時間に遅刻する事態が続出した。オペラには序曲が意味を持つ演目も多い。「カルメン」の華々しい序曲をドア越しに走りながら聴くという「蝶々夫人」も顔負けの悲劇が初台駅で演じられるのである。

現在の初台駅のホームにある青と緑で色分けされた、「←新国立劇場」「東京オペラシティ→」という大きな掲示を見るたびに心が痛むのである。

（キャリア教育センター／井上俊也）

7 漢字の歴史を世界屈指の名品でたどる博物館

台東区立書道博物館（鶯谷駅／東京都台東区）

書道博物館は、画家であり書家でもあった中村不折（一八六六〜一九四三）が、独力で収集したコレクションを世に公開するために創設した、上野の山の麓にある小さな博物館です。

本来画家として出発した不折が、書の研究にのめり込むこととなった契機は、明治二八年、正岡子規とともに日清戦争の従軍記者として清国へ赴いたことにあります。戦争の状況を描写するはずが休戦状態となったため、予想外の時間的余裕に恵まれます。不折は半年にわたって遼東半島や朝鮮各地を巡り、漢字に関する考古資料や、古い石碑の文字など、文物に触れる機会を得て大いに刺激を受けました。以来、不折は文字の魅力にとりつかれ、帰国後は文字に関する資料を貪欲なまでに収集しつづけます。それはいつしか一万点を優に超える膨大なコレクションへと発展していきました。これらの文化遺産を保存・公開すべく、不折は昭和一一年に書道博物館を設立したのです。

博物館建設に伴う一切の費用と、コレクションの購入費はすべて不折自身の絵画や書の潤筆料から捻出しました。友人の正岡子規を介して明治の文豪たちと交流を持ち、夏目漱石『吾輩ハ猫デアル』の挿絵や、島崎藤村『若菜集』の装幀を担当するなどブックデザイナーとしての活動、フランス留学で鍛えた油彩画や中国故事を題材とした南画の制作、そして自ら収集した古い石碑の文字をベースに、不折流といわれる奇抜な書を展開した制作活動など、地道な努力によって資金を調達しました。

コレクションは多岐にわたります。殷時代の甲骨文字に始まり、青銅器、石碑、仏像、印などの金石関係の類と、拓本、経巻文書、文人書画など紙本関係の類があり、重要文化財一二点、重要美術品五点を含む、東洋美術史上貴重な文化財約一万六千点が収蔵されています。

重要文化財の一二点はすべて敦煌やトルファン、楼蘭などから出土した古写本です。不折は亡くなるまでの約三〇年間で、総数では約二〇〇件、断片を個別に数えれば約八〇〇点の膨大な古写本のコレクションを形成しました。当館の古写本は、世界に冠たるフランス国立図書館のペリオコレクションや大英図書館のスタインコレクションの古写本に比しても決して遜色ないもので、質量ともに世界的な水準を誇っています。敦煌莫高窟の出土という共通点があるため、同じ経典の写本や、同じ奥書の写本など、相互補完的な役割を担うものもあります。書道博物館のスゴさをみなさんに知ってもらえるよう、ワールドワイドなエピソードを交えながらの作品紹介も心がけています。

こうした国の指定品以外にも、数多くの名品があります。最も著名なものは、中国史上屈指の忠臣といわれた、唐時代の顔真卿の書「自書告身帖」でしょう。告身とは辞令のことで、顔真卿が辞令を自ら書いたことよりこの名があります。顔真卿の肉筆は北京の故宮博物院や台北の國立故宮博物院に所蔵されますが、国内では当館が唯一です。宋時代には皇帝コレクションとなり、民間に渡った後、清時代に再び皇帝のコレクションとなりました。清朝末期には恭王府にありましたが、この頃は復辟運動が盛んに行われ、皇族は資金作りのために数多くの収蔵品を売り、あるいは質に入れたりしていました。この「自書告身帖」も同様の運命をたどり、三菱の質に入った後、日本へ運ばれました。そして昭和五年に三万円で購入したのが不折でした。ちなみにこの頃は千円で総檜造りの豪邸が建てられたという時代ですから、どれほど破格であったかがわかると思います。本作品を含む当館の収蔵品四九件は、二〇一九年春の東京国立博物館特別展「顔真卿 王羲之を超えた名筆」で展示され、世間の耳目を集めました。その後、コロナの影響で中国から作品をお借りして展示することが叶わなくなり、東京国立博物館での中国書画をメインとした特別展は、残念ながらこの展覧会以降開催されていません。

ところで、東京国立博物館と当館は、平成一四（二〇〇二）年度より連携企画を実施しており、今年度で二〇回目を迎えます。両館は徒歩一五分という近距離にあり、ともに中国書画の名品を所蔵しています。さらには所蔵品の内容やコレクターの収集した時期など、重なる部分が少なくありません。こうした利便性や共通点を活かしつつ、毎年テーマを変えながら開催しています。今年度は王羲之に焦点をあてた連携企画を予定しています。

書道博物館は、開館以来約六〇年にわたり中村家の手で維持されてきましたが、平成七年に台東区へ寄贈され、平成一二年に台東区立として再開館し今日に至ります。貴重なコレクションは常設展示や企画展・特別展で順次紹介しています。中村不折の類い稀なる審美眼と、注がれた情熱の重さをぜひ書道博物館で追体験してください。

（台東区立書道博物館／鍋島稲子）

8 赤レンガの洋館から明治時代にタイムスリップ

三菱一号館美術館（東京駅／東京都千代田区）

なんといっても丸の内のオフィス街で一際目を引くのが、ジョサイア・コンドル設計の建築物を復元した三菱一号館美術館の赤煉瓦です。ロンドンのような街並みをつくりたいとの三菱の二代目社長・岩崎彌之助の願いのもと、まちづくりの中核施設として建設されました。

パリやモンマルトルのサーカス、ムーラン・ルージュ、カフェなどで退廃的時代に生きる人々の様子を描いたロートレックなどの近代美術作品をコレクションとして収蔵しています。浮世絵などジャポニズムの影響も強く受けたロートレックのポスター（『ディヴァン・ジャポネ』）は、どこかで一度は目にしたことがあるはずです。ロートレックは南仏の名家に生まれ、ゴッホなどとも交流がありましたが、晩年は病気もあり苦労したようです。復元される以前の三菱一号館美術館もまた、ロートレックをはじめ多くの芸術家が活躍した一九世紀末に建設され、この時代のグラフィック作品、版画、装飾画、陶磁器、ジャポニズム文献なども収蔵しています。

ジャポニズム貴重文献のコレクションには、世界中で開催された万国博覧会への出品を契機に、フランスはじめ一九世紀の西洋芸術界に日本趣味の旋風を巻き起こした、葛飾北斎や喜多川歌麿の浮世絵など、日本美術の出品目録、陶磁器などの売立目録、『蜻蛉集』などの版画集のほか、『藝術の日本』などの雑誌や書籍も含まれます。こうした収蔵文献からも、日本美術と西洋美術のダイナミックな美術・文化交流の一端を窺い知ることができます。

併設のミュージアムカフェ・バー「Cafe1894」では、展覧会とのコラボメニューも提供され、絵画のような料理を楽しむこともできます。かつて三菱の銀行営業室として使われ、明治時代にタイムスリップしたかのような感覚を与えるクラシカルな洋館は、ドラマの撮影でもよく使われています。ミュージアム・ショップで販売されるグッズも、日常生活の中でアートを感じさせてくれます。そのほか、丸の内の歴史を体感できる歴史資料室も併設され、美術館の入り口にある英国式の庭園は都会のオアシスになっています。収蔵作品だけなく、斬新なホームページも含めて、美術館全体が美術作品であることを感じさせる新しいタイプの美術館です。新型コロナウイルス感染症の拡大で休館を余儀なくされた際には、「ニコニコ美術館」というＷｅｂ

上のサービスを通して展覧会をネット配信し、自宅でもアートを楽しめる試みとして話題となりました。

企業により運営される美術館は、メセナ、社会貢献活動、あるいは企業の社会的責任（ＣＳＲ）として位置づけられ、他にもサントリー美術館、アーティゾン美術館、森美術館など数多くあり、経営者個人の審美眼に基づき収集された松方コレクションなども有名です。美術館はウィリアム・モリスが唱えたような企業と芸術の関係の中にも明確に位置づけられており、現代でもGoogleなどの企業が積極的にアートを支援するのも、決して不思議なことではありません。

なお、国立西洋美術館（上野）、オルセー美術館（パリ）の立ち上げにも携わった高橋元館長による著作『美術館の舞台裏―魅せる展覧会を作るには』は、美術館で働く学芸員の仕事だけでなく、資金集め、運送、開催までの駆け引きなど、美術展の裏側についても存分に知ることができるのでおすすめです。

（社会情報学部環境情報学専攻／木村ひとみ）

9 人々が行きかう都会の美術のおもちゃ箱

国立新美術館（乃木坂駅／東京都港区）

国立新美術館（港区）は、六本木に佇む都会的で、自然と調和した黒川紀章の最後の作品として有名です。巨大な逆円すいの円形のカフェや、フランス料理の巨匠・故ポール・ボキューズ氏による開放的な空中レストランも斬新な設計です。

国立の美術館の中で唯一、特定のコレクションを持たず、国内外の美術館、大使館、新聞社、企業が後援・共催し、新聞やテレビでも大々的に宣伝を行う大規模な企画展、常設展、プロ・アマの垣根を取り払う公募展のほか、書道展、写真展、映像展、講演会、コンサート、子ども・一般向けワークショップ、建築ツアーなどが頻繁に開催されており、時期によっては複数の展覧会を一度に楽しむこともでき、休日は多くの人で賑わいます。

国立新美術館は、将来の日本の芸術界を支える人材の育成の一環で、文化庁が支援する若手芸術家の海外研修の成果を発表する場ともなっています。これまで内外の美術史に大きな功績を残した著名な芸術作品だけでなく、現代アートに力を入れていることも大きな特徴の一つです。現代に生きる若手のアーティスト、クリエーター、デザイナー（ファッション、プロダクト、テキスタイル、グラフィックなど）、建築家、エンジニアに幅広く、表現の場を解放しています。

こうした特殊な運営形態から、日本全体で千五百ほどある美術館、博物館（海外ではいずれもMuseumと区別せずに表記）、資料館にとっても大きな課題となっている年間入場者数が圧倒的に多く、開館一一年目の二〇一七年の来場者数約二八三万人（ルーブル美術館は七百万人以上）は世界でも約二〇番目で、美術を介して人々が行きかう国際文化交流の拠点として、大きな役割と可能性を感じさせます。

このように特定のコレクションを持っていないにもかかわらず、芸術の裾野を広げ、目の肥えたミュージアム愛好家を増やしていく上で国立新美術館は大きな役割を担っていると言えます。特に、小中高生を対象にしたアートワークショップや、大学生を対象にした建築ワークショップなど教育課程で多いに活用されているのが特徴であり、さまざまに移り変わる常設展を皆でつくり上げるという新たなミュージアムのあり方を提示しています。

国際都市・東京のアートセンターとして、教育普及活動には特に力を入れており、併設されたアートライブラリーでは、膨大なアーカイブを利用して調べものをすることもできますし、美術・建築の本、展覧会のカタログや写真集を眺めて過ごすこともできます。バリアフリーや託児サービスなど、限られた人だけでなく、美術館をより多くの人に楽しんでもらいたいという願いや工夫を随所で感じることができ、圧倒的な入場者数につながっている要因にも思われます。

山本周五郎賞・受賞作で、直木賞にもノミネートされた、原田マハ氏の絵画ミステリー『楽園のカンヴァス』や、ピカソ作品と国際政治が交錯する『暗幕のゲルニカ』など、美術館や美術作品をモチーフにした小説を、空中カフェで読んで過ごしてみてはいかがでしょうか。月曜休館が多い美術館ですが、国立新美術館は火曜休館なのでお気をつけください。

（社会情報学部環境情報学専攻／木村ひとみ）

10 精神世界に遊ぶ

五島美術館（上野毛駅／東京都世田谷区）

財界人の古美術コレクション

五島美術館は、東急の実質的な創業者である五島慶太（一八八二～一九五九）翁が、私邸があった東京都世田谷区上野毛に、自身が収集した日本と東洋の古美術コレクションを広く公開するため設立した私立美術館です。ただ、慶太翁は一九六〇年の開設を待たず、その前年に亡くなりました。

慶太翁は苦学して東京帝国大学を卒業し、農商務省の官僚になりましたが、これに飽き足らず、鉄道界に転身し、東急電鉄を核に、沿線の都市開発、百貨店展開、教育事業などの多角的経営に成功しました。そのかたわら古美術の蒐集につとめ、古写経、絵画、書跡、茶道具、陶磁器などの一大コレクションを形成したのです。

精神世界へのステージアップ

世界には、このような財界人が設立した美術館が多くあります。どうして財界人は美術品を蒐集し、ひいては美術館を設立するのでしょう？　これは一つの仮説ですが、人間はまず物質世界にいて、衣食住などを求めますが、それが満たされると精神世界にステージを上げ、心の充実を求めるようになります。すぐれた財界人は、このステージアップが果たせるのではないでしょうか。

このような仮説を前提に、五島美術館のコレクションを鑑賞すれば、精神世界にステージを上げた人が、心の充実のために何を求めていたのかがわかって来ると思うのです。これも財界人設立の美術館での楽しみ方となるでしょう。

「源氏物語絵巻」

五島美術館所蔵の名品としては、まず「国宝　源氏物語絵巻」を挙げねばなりません。これは日本における現存最古の絵巻です。平安時代中期に書かれた紫式部「源氏物語」を、約一五〇年後の一二世紀に絵画化したもので、各図の前に対応する物語の本文を添えています。いわばベストセラーのビジュアル化であり、当時のメディア事情を考えながら鑑賞するのも楽しいでしょう。

江戸時代初期に、尾張徳川家と阿波蜂須賀家に伝来していた由緒ある作品です。現在、蜂須賀家本を五島美術館が収蔵しています。

五島美術館ホームページによると、「毎年春のゴールデンウィークの頃に一週間程度展示の予定」とのことです。

「高野切古今集」

もう一つ、筆者の好みで、「重要文化財 高野切古今集」を挙げたいと思います。これは、日本最初の勅撰和歌集である「古今集」現存最古の写本で、一一世紀中頃の書写とされています。調度手本とよばれる、貴族の手習いのために作られたもので、書者は三蹟の一人である藤原行成の子女との説が有力です。上質の麻紙に雲母(きら)砂子を散らした料紙に「古今集」冒頭の「春歌上」が典雅な筆致で書かれています。

「古今集」初期の形をとどめる文学的にも貴重な資料です。筆頭撰者の紀貫之の歌がなぜ二番目にあるのか?などと考えながら鑑賞するのも面白いかと思います。

作品鑑賞後は、館内の庭園を散策し、慶太翁が求めた精神世界に遊んでみてはいかがでしょう。

(文学部コミュニケーション文化学科/松村茂樹)

11 根津美術館(表参道駅/東京都港区)

美術鑑賞と四季の庭園が楽しめる美術館

多くの学生たちは表参道・原宿エリアをよく訪ねるだろう。東京では衣と食を担う中心地である。初詣に参拝者が最も多いと言われている明治神宮も訪ねたことがある学生も多いだろう。しかし、表参道駅から徒歩一〇分くらいに世界レベルの美術品コレクションもあることは学生たちにあまり知られていないだろう。

日本は明治期から産業革命が生み出した実業家が自分の恩恵を共有するために、名作のコレクションを共有した。根津美術館は観るべき価値がある。設立者根津嘉一郎(一八六〇~一九四〇)は実業家と国会議員であって、東武鉄道と南海電気鉄道になった会社等の創始者であった。現代日本の教育と文化には特に豊かな影響を残した後援者だった。武蔵大学になった旧制武蔵高等学校を創立した。茶の湯が趣味で、茶道具と東洋美術品を収集したが、その結実は現在南青山にある根津美術館コレクションの元になった。美術品の上に、根津美術館は広くて美しい庭園のためによく知られている。

所蔵品は多数あり、名品のなかに国宝は七件、重要文化財は八七件、重要美術品は九四件が含まれているそうである。種類は書蹟、絵画、彫刻、金工と武具、陶磁、漆工、木筑竹、染織、考古の作品も多様性を証明する。とても豊富なコレクションである。

私が最も関心のある作品は尾形光琳（一六五八〜一七一六年）が描いた「燕子花図」屏風である。左側と右側に燕子花図が描かれている。これは左右の動きのコントラストが効果的で、心の琴線にふれ、鮮やかで躍動感を感じる。色彩は濃く深みのある紫色で、訪れる人を光琳の世界へと引き込む。私が鑑賞した時期が、まさに燕子花が咲き誇る季節であった。ちょうどその頃、庭園は満開の燕子花で充実していた。自然界の中に散歩しながら、屏風の燕子花絵画と実際に咲いている花を比較すれば、光琳の才能がまさに理解できるだろう。展覧作品は定期的に変更されます。尾形光琳の「燕子花図」は毎年、ゴールデンウイークを含む四月下旬から五月中旬にかけて展示されています。

季節とともに多くの花々が咲き、葉も変わり、景色がかわる美術館である。庭園を散策すれば、館内で見かたも変わる。訪ねるとき、庭園を散歩するために時間を残しておくのをお薦めする。庭園を眺めながらカフェで休憩することができる。館内各展示室も庭園も車いすでアクセス可能である。ぜひ、美術と自然を満喫してほしい。

（比較文化学部比較文化学科／グレゴリー・ジョンソン）

12 ここは図書館？　それとも美術館？　博物館？

角川武蔵野ミュージアム（東所沢駅／埼玉県所沢市）

ＪＲ武蔵野線東所沢駅から徒歩一〇分ほどの郊外にある「ところざわサクラタウン」。そこに青みがかったグレーの巨大な構造物が屹立している。元来建物というものは、安定するように下が大きく造られているものだが、その建物はそんな常識を裏切り、下層より上層が大きく作られている。まるで巨大な未確認飛行物体（ＵＦＯ）が地球に落下し、大地に突き刺さっているようにも見える。

「国立劇場が〝木〟の代表とすれば、石の代表が、角川武蔵野ミュージアム」とＷＥＢホームページで紹介するのは、このミュージアムの建築デザインの監修者隈研吾氏。この説明を聞くと、なるほどその建物はＵＦＯではなく武蔵野に伝わる伝説の巨人ダイダラボッチがどこからともなく運んできた巨大な岩石の塊のように見えなくもない。つまり角川武蔵野ミュージアムは、建物自体が一つの巨大なオブジェになっているのだ。

エントランスは二階。内部に入るとインフォメーションとミュージアムショップにカフェがあり、そこはまるで映画館のロビーのようだ。案内表示板では、建物全体は五層構造になっており、まず一階へ。そこには企画展示を行うためのスペース、グランドギャラリーがあり、そばの区画のマンガ・ラノベ図書館やそのサテライト店ダ・ヴィンチストアでは訪れる子ども連れや若い世代で賑わっている。さらに三階にはＥＪ（Entertainment Japan）アニメミュージアムがあり、日本のアニメ作品の奥深さに触れることができる。

四階には、壁面の違い棚に設けられた書架に多様なジャンルの書籍が並んだ通路、本好きにはたまらない本の街エディットタウン-ブックストリートがある。また、通路の一画「荒俣ワンダー秘宝館」は、現実と空想の境界が曖昧となる不思議な異空間。見ると幸せになると伝えられる謎の生物（鉱物？）ケサランパサランや人面カメムシ・お菊虫。果ては宇宙人の頭蓋骨など、博物学者荒俣宏氏監修の不思議な展示品の数々を目にすることができる。現実世界に囚われている人々は「あり得ない」と一蹴してしまいがちだが、そもそも人類には、現実にあり得ないことを「想像」する力によって、たとえば航空機や宇宙ステーションなどを開発してきたように「創造」を可能としてきた歴史がある。

さて、摩訶不思議な空間から経路に戻って先に進むと、そこには高さ八メートルに及ぶ吹き抜けの巨大な空間「本棚劇場」があり、ここでは壁面の書架に映像を投影する圧巻のプロジェクションマッピングが上映される。また、書籍だけではなく、このフロアの中央には現代アートを展開するエディットアンドアートギャラリーもある。

重厚な純文学からラノベ・マンガや電子書籍・デジタル絵本・デジタルアート・現代美術などなど、このフロアにたどり着くと、ここは図書館？　それとも美術館？　いや博物館？　いずれのカテゴリーにも収まらない複合的な空間が「角川武蔵野ミュージアム」であることが分かる。そんなカオスな空間の中に身を置いていると、当初は戸惑った人々も、逆に「そもそもそれらに境界は必要だったのか？」と自問する自分がいることに気が付くことだろう。

一九七〇年代から八〇年代にかけて、高度経済成長期の日本で当時一世を風靡した角川映画。『犬神家の一族』『人間の証明』『野生の証明』などのヒット作は、もともと書籍の出版・販売を事業の柱とする角川書店が、書籍と映画という異なるメディアとの境界を越えることによって生み出され、さらにそれは、書籍と映画に留まらず、『セーラー服と機関銃』『探偵物語』の主演俳優薬師丸ひろ子や『時をかける少女』の原田知世らによる主題歌のヒット曲を生み出すなど、音楽の分野にまで裾野を広げていった。

書籍・映像・美術、そして音楽などのメディアの境界、現実と空想の境界、そして図書館・美術館・博物館といった境界を軽々と越えてゆく、武蔵野の自然を背景にこれまでのカテゴリーに収まりきらない複合文化施設が誕生している。

普通の図書館とは異なり貸し出しサービスは行われていないが、図書館学課程・博物館学課程を履修している学生には、他の施設ではなかなか得られないこれからの図書館・博物館・美術館の在り方や資料の展示方法のヒントを得ることができる。また、論文・レポートをまとめる際にアイデアを手に入れたい時や卒業制作などの創作のイメージが得られない時などにここを訪れてみると、新たな発想の糸口をつかむことができるかもしれない。

既成概念に囚われていた頭を柔らかくして、不思議な建物に別れを告げる。駐車場から川沿いの通りに向かうと交差点の表示には「松郷橋」とある。この名を聞いてふと思い出すのはアニメーション映画『となりのトトロ』。迷子になったメイを捜すサツキがバイクに乗ったカップルに出会うシーンだ。「お前、どこから来たの？」と尋ねられてサツキの伝えた言葉が「マツゴウです」だった。つまりこのあたりはサツキとメイの家があったと想定されている聖地ではないか。また、自転車でもない限りたどり着くことは難しい距離となるが、近くにはナショナル・トラスト運動で知られる狭山丘陵、通称「トトロの森」やサツキたちの母が入院していた七国山病院を想起させる八国山緑地もある。

どうやらこの不思議な建物は、トトロが出没する（した？）あたりに建っているようである。

東所沢の近辺には、今も随所に日本の原風景と言ってよい武蔵野と里山の自然が残されている。角川書店の創業者角川源義氏が愛した武蔵野へのこだわりは、ミュージアム五階の武蔵野ギャラリー・武蔵野回廊、そして一階にある源義庭園でもそのＤＮＡを感じ取ることができる。

都心からやや距離はあるが、『となりのトトロ』の聖地巡礼もかねてぜひ訪れてほしい。

（文学部コミュニケーション文化学科／吉田光浩）

13 21_21 DESIGN SIGHT（トゥーワン・トゥーワン・デザインサイト）
（六本木駅・乃木坂駅／東京都港区）

「デザイン」のイメージをアップデートしよう

21_21 DESIGN SIGHT は六本木の東京ミッドタウン*内に位置する、建築家・安藤忠雄の設計によるデザイン・ミュージアムです。これまでの優れたデザイン成果をアーカイブし、現在・未来へつなげることを目的として二〇〇七（平成一九）年に設立されました。

同館は常設展を持たず、ギャラリー１&２で三〜四カ月ごとに企画展を開催しています。また、二〇一七（平成二九）年に新規オープンしたギャラリー３では企業や教育・研究・文化機関との連携プログラムが無料公開されていることも多く、気軽に立ち寄ることが可能です。

展覧会のみならずトークイベントやワークショップなどを含む同館の魅力的なプログラムは、設立発起人であるデザイナー・三宅一生とグラフィックデザイナー・佐藤卓、プロダクトデザイナー・深澤直人の三人のディレクター、ならびにアソシエイトディレクターであるジャーナリスト・川上典李子によって支えられています。デザインに詳しくないかたも、三宅の「PLEATS PLEASE ISSEY

MIYAKE」シリーズや、佐藤の「デザインあ」「にほんごであそぼ」アートディレクション、「明治おいしい牛乳」のパッケージデザイン、深澤の「無印良品」「±0（プラスマイナスゼロ）」プロダクトなどはこれまでにきっと目にしたことがあることでしょう。また、「AXIS」「VOGUE Japan」「pen」といったみなさんにもなじみのある雑誌で川上のデザイン関連記事に触れたことがあるかたも多いはずです。さらに、各企画展では、ディレクターや企画監修として第一線で活躍するデザイナーやクリエイター、研究者も多数参画するなど、同館はまさに現代日本のデザインが集約された場となっています。

「デザイン」=「かたち」や「いろ」などの造形要素に関する計画というのが、これまでの一般的な認識であるかもしれません。一方で、21_21 DESIGN SIGHT の示すデザインは、時代背景や技術動向、流行などの社会的・文化的背景を反映した幅広い「思考」「視点」です。同館は、前者の示す狭義の「デザイン」が、現在進行形で後者に示される広義の「デザイン」に変化していることを実感する場として非常に魅力的で示唆に富んでいるといえるでしょう。

21_21 DESIGN SIGHT の活動に触れることでイメージをアップデートし、現在のそしてこれからの「デザイン」に目を向けるきっかけを得ることは、みなさんの生活を魅力的で豊かなものにしてくれるはずです。ぜひこれまでの企画展について調べてみたり積極的に足を運んでみたりしてみてください。

＊二〇〇七（平成一九）年に六本木に「デザイン」を開発テーマのひとつとして開業した複合施設であり、ミュージアム・ギャラリーとしてサントリー美術館、21_21 DESIGN SIGHT、東京ミッドタウン・デザインハブ、フジフィルム スクエアが含まれる

（家政学部ライフデザイン学科／林原泰子）

14 閑静な庭園の中に建つ近代文学の歴史的建造物（レガシー）

日本近代文学館（駒場東大前駅／東京都目黒区）

公園の中にある文学館

京王井の頭線の駒場東大前駅から徒歩七分ほど、駒場公園の中に入り少し歩くと文学館が見えて来ます。一九六七年に開館していますから既に半世紀を過ぎていて、外観は重厚で落ち着いた雰囲気が感じられます。とてもシンプルな名称ですが、それは日本の近代文学にとって初めてのミュージアムだからです。

二〇二一年の東京オリンピックは、その混乱とともに皆さんの記憶にも鮮明に残っていることでしょう。しかしよく知られている通り、これは二度目でした。その半世紀前、一九六四年開催の最初の東京オリンピックは、日本の戦後復興を世界に周知させた画期的なイベントで、その翌年にこの文学館は着工されたのでした。

なぜこの時期だったのでしょうか。国が急速な経済成長を遂げる過程で、あらゆる分野で古いものは処分されていきました。それは近代文学の作家の周辺でも例外ではありません。作家の原稿や手紙など多くの文学資料が失われることに危機感を抱いた作家と近代文学研究者によって、財団法人日本近代文学館が設立されました。そこに多くの寄付金や、それにもまして重要な資料が多く寄贈され、現在の日本近代文学館が出来ました。現在も資料収集は続き、二〇一六年に志賀直哉関係の資料一万一八八六点が志賀家から寄贈されたことは大きなニュースになりました。

ちなみに明治以降の建築物や路面電車・汽車などを公開展示する博物館明治村が愛知県犬山市に開園したのも文学館着工の一九六五年です。ここでは森鷗外が住み、その後夏目漱石が暮らした通称「猫の家」や石川啄木が下宿した床屋などを見ることができます。

館内でもう一つの楽しみは…

この文学館の中に「BUNDAN COFFEE & BEER」というう名のカフェが設けられています。BUNDANとは文壇、つまり作家たちの世界の意味で、その名の通り書棚が至る所にある喫茶店です。そしてメニューも見ていて飽きることがありません。例えばAKUTAGAWA（芥川龍之介のこと）というコーヒーは、大正時代に芥川もよく行った有名な喫茶店の味を再現したものですし、他にもTERAYAMA（寺山修二）、ATSUSI（中島敦）などがあります。スウィーツや料理にも作家と関わりのあるものが多いので、自分の好きな作家ゆかりの品を探してみることも面白いはずです。

一人の旧貴族と文学館

前田利為（まえだとしなり）は旧加賀藩主前田本家の十六代目当主で、陸軍士官学校から陸軍大学校を出て一九四二年にボルネオ守備軍司令官として現地で亡くなっていますが、二〇代でドイツ、イギリスに留学し外交官を志望していた文化人でもありました。貴重書の復刻で著名な尊経閣文庫は利為が設立したものです。そして文学館のある駒場公園はもとの屋敷の敷地ですし、昭和一二年に鎌倉に建築した別荘は現在鎌倉文学館として使われています。文学館を訪れるたび、私は前田利為に感謝しています。

（短期大学部国文科／松木博）

15　世田谷文学館（芦花公園駅／東京都世田谷区）
ビジュアルから現代文学の世界へ入ってゆこう！

東京で初めて

京王線の芦花公園駅から静かな住宅街を歩いて五分ほど、見えてきた世田谷文学館はまるで「ガラスの城」のようです。文学館というよりはアートギャラリーのような雰囲気。そしてここは、東京二三区の中で初めて建設された、区の名前を冠した文学館なのです。一九九五年の開館当時から、その先駆的でユニークな展示が評判になってきました。

作家のゆかりの土地に建てられる文学館は日本全国に数多くありますが、どうしても展示の変化が少なく、何回も足を運ぶことにはなりません。しかしこの世田谷文学館は、そうした制約から自由な展示が特徴です。近代初期から現代までの作家と作品が単に陳列されているだけでなく、作家や作品にまつわるオブジェなど立体的な展示物によって、文学を体感できるような展示を見せてくれます。

そして学生だけではなく社会人になってもうれしいのは、区で管理している施設だからこその大学生が一五〇円、一般が二〇〇円という、観覧料のお手ごろ感です。それでいてミュージアムショップも充実していますし、庭園を望むカフェでも楽しめます。企画展は年に五回程度開催されますから、季節ごとに出かけて見ることも楽しいでしょう。

文化の香りある街に

世田谷区に住んでいたのは作家だけではありません。東宝（映画会社）の砧撮影所が区内にあったことから、映画関係者も多く住む「文学と映像の街」でもありました。それを伝えてくれるのが、文学館入口にある石柱に書かれた「世田谷文学館」の文字です（入る時に見てください）。この個性的な筆跡は、昭和の名優として映画やテレビで存在感のあった森繁久彌のものです。

少し足を伸ばして

文学館から一〇分ほど歩くと、駅名にもなっている蘆花公園、正式名称は蘆花恒春園があります。

徳富蘆花（一八六八～一九二七）は小説家で、代表作の『不如帰』（一八九九年）は明治の大ベストセラーであり、演劇として広く大衆に愛された作品でした（この題名はなんと読むでしょう？　答えは文章の最後にあります）。

一九〇七（明治四〇）年に蘆花が住みはじめた頃には農村地帯で、これも広く読まれた随筆集『自然と人生』には、この土地から本学のある千代田区などの都心へ野菜を売りに行く荷車が、夜明け前に続々と出発していく、とても魅力的な文章があります。

蘆花はロシアの作家トルストイと面会して感化され、同じような環境での創作活動を志して敢えて農村に定住したのでした。随筆集『みみずのたはこと』からは移住当時のいわゆる「武蔵野」の自然を読み取ることができます。

現在は閑静な住宅街ですが、その中に佇む恒春園は、あなたにきっと昔の東京の姿を感じさせてくれることでしょう（作品名は『ほととぎす』でした）。

（短期大学部国文科／松木博）

16 児童文学を超えて語りかけるもの―創作とは何か―

三鷹の森ジブリ美術館（三鷹駅／東京都三鷹市）

三鷹駅から一五分ほど歩くと、「三鷹の森ジブリ美術館」（正式名称「三鷹市立アニメーション美術館」）が深い緑の中に現れます。駅から少し離れているということもあり、静けさの中で児童文学の世界を楽しむことができます。この美術館には宮崎駿監督が生み出したキャラクターが至る所に再現されており、映画を観ている時と同様の感動や高揚感を味わうことができます。例えば、入り口では、大きなトトロと対面でき、また、「ネコバスルーム」と名付けられた部屋では、大ヒット作『トトロ』の世界が忠実に再現されています。加えて、ステンドグラスや吹き抜けの廊下、そして庭園は、ジブリのロマンティックな世界に私たちを浸らせてくれます。

なかでも学生の皆さんに足を運んでいただきたいのは、「映画の生まれる場所（ところ）」と題された常設展示場です。ここは五つの部屋からできており、どのようにして映画が作られるのか、その制作過程の詳細を窺い知ることができます。アイディアがどのように作家自身の中で萌芽し、それがどのような過程を経て一つの形として結実するのかということを知ることは、完成品ばかりを見ることが多い私たちにとって多くの気づきをもたらしてくれるはずです。一つの作品が世に生み出されるその背景には、作者の葛藤や創意工夫があることを知ることは、他者が生み出した作品にさらなる奥行きをもたらし、それに対して敬意を持つことにつながるのではないでしょうか。

同様のことは、自分自身で生み出す何かにも当てはめることができます。例えば、学生の皆さんは、学期末にはレポートを書いたり、卒業年度には卒業論文を書いたりと、様々な形で「創作活動」に取り掛かる機会があります。完成のヴィジョンを描くことは、自身のモチベーションになるため、確かにとても大切なことです。しかし、そこに至るまでの過程には、アイディアを見つめ直し、修正し、そして他者からの指摘を受け入れながら、原形に磨きをかけるという非常に骨の折れる作業を必要とします。それは自分と向かい合う孤独な時間ではありますが、それを経験して初めてアイディアが目に見える「かたち」として結実するのだということを、この常設展は教えてくれると思います。特に「ものを語る所」という部屋では、映像になる前の下絵を見ることができ、作家の努力を感じ取ることができます。

ジブリ作品というと児童文学に分類されることが多いですが、この美術館は、「創作」することに携わるあらゆる人々にとって、一人で創作物と向かい合うという孤独な時間を持つことの意義を思い知らせてくれる場になると思います。児童文学という枠を超えて、創作とは何か今一度その意味を考えさせる静かな空間が、ジブリ美術館と言えるでしょう。自身の学びの過程と、映画ができるまでの過程を重ね合わせながら、皆さんのレポートや論文が皆さんにとってさらに愛着のあるものになっていけば嬉しいです。

（比較文化学部比較文化学科／加藤彩雪）

17 明治・大正・昭和の挿絵と出版美術の宝庫

弥生美術館（根津駅・東大前駅／東京都文京区）

弥生美術館は東京大学弥生門の斜め前にある小さな美術館です。うっかりすると気付かぬまま通り過ぎてしまうほど、ひっそりと路地に溶け込みながら佇（たたず）んでいます。

しかしながらこの狭い空間に一歩足を踏み入れると、初めての訪問者はまず「WAO!」と感嘆の声を密かに漏らすはずです。ここでは、副題に示した通り、明治から昭和にかけての名だたる挿絵（さしえ）画家たちの作品が一堂に会しています。例を挙げるなら、高畠華宵（かしょう）、蕗谷虹児（ふきやこうじ）、中原淳一、伊藤彦造、岩田専太郎、竹中英太郎、鰭崎英朋（ひれざきえいほう）、石原豪人、内藤ルネなどがその代表と言えましょう。彼らの細やかな筆致の挿絵たちが、もちろん特別展示のテーマによって毎回内容は異なりますが、壁一面に所狭しと展示されていて、最初の印象としては、文字通り目がくらみます。しかし挿絵の好きな人間にとって、その光景はまさに夢のような宝庫、わくわくドキドキのお宝の山なのです。

挿絵といっても今の若い学生さんたちにはすぐにはピンと来ないでしょうし、上記の画家たちの名前も聞いたことがないというのがほとんどだと思います。しかし貴女がたの御祖母様あるいは曾祖母様の時代、高畠華宵、蕗谷虹児、中原淳一といった画家たちは、少女雑誌の挿絵を毎号華やかに彩るスター中のスターでした。一度御祖母様に聞いてみてごらんなさい。中原淳一という名が出れば、眠そうだった目がキラリと輝くはずです。彼女たちが昭和の激動の時代を生き抜きながら、密かに憧れ、胸ときめかせていた挿絵の世界。彼女たちのエロスもアガペーもここに封印されてあるのです。一枚の絵に心を燃やすこと、淫するまでに熱中すること、弥生美術館を知ることで女子大生の皆さんに知ってほしいのはそのことです。

上記の挿絵画家たちの中で私が最も愛してやまないのは伊藤彦造（一九〇四〜二〇〇四）です。月を背に抜刀してたたずむ凛々しい少年剣士、傷ついた体を互いに支え合う白虎隊の少年たち、島原の乱で農民たちと共に今まさに討ち死にせんとする天草四郎……美と死、若さと滅びが、陰影の濃い細密画の中で一体化し、妖しい官能性を匂い立たせています。私たちが少年時代（昭和三〇年代〜四〇年代前半）に熱中した漫画『赤胴鈴之助』も『どんぐり天狗』も『伊賀の影丸』も、その絵柄はすべて伊藤彦造の影響下にあったと言えましょう。現代の『エヴァンゲリオン』などに見られる、いわゆる「包帯萌え」なども伊藤の絵がその原点かもしれません。

弥生美術館の敷地内には、竹久夢二美術館が併設されています。夢二のお好きな方はぜひこちらも。また、カフェ「港や」も雰囲気のある店で、カレーがなかなか美味しい。

（文学部コミュニケーション文化学科／大野真）

18 東洋文庫（駒込駅・千石駅／東京都文京区）アジア学の宝庫―あの至宝を見にゆこう！―

東洋文庫とは？

駒込駅、千石駅から徒歩一〇分足らずの場所に、アジア学の宝庫である東洋文庫がある。大通りにも隣接しているとはいえ、六義園からもほど近く、館内に入るとゆったりとした静けさに包まれる。ＪＲ駒込駅付近の広大な敷地を有していたのは、三菱の創始者である岩崎弥太郎だった。弥太郎は六義園を整備し、三代目の岩崎久彌が東洋文庫を創設した。そして現在東洋文庫は、アジア全域の歴史と文化に関する膨大な蔵書を擁する図書館と研究所からなり、アジア学の拠点として世界的にもその名を知られている。

国宝五点、重要文化財七点を含め、約一〇〇万冊の蔵書の内訳は、漢籍四〇％、洋書三〇％、和書二〇％、その他の言語一〇％であるという。また、貴重な資料を有するだけでなく、東洋文庫はアジア各国・地域の歴史・文化を専門とする研究員約八〇名を抱える、アジア学の代表的研究機関であり、諸外国の研究機関と協力協定を締結している。

文庫の起源とモリソン

東洋文庫は、岩崎久彌がオーストラリア人ジャーナリスト、ジョージ・アーネスト・モリソン（一八六二～一九二〇）の膨大なアジア関連蔵書を購入し、それをもとに一九二四年に設立された。モリソンは医師の資格を持つ傍ら各国を旅行し、ロンドン・タイムズの北京特派員として義和団事件等を見聞し、清末中国の激動の様相を世界に向けて発信した。そして、黎元洪、馮国璋、徐世昌の政治顧問を務める等政治にも関わったが、大量のアジアに関する文献の収集にも力を注いだ。

モリソンの蔵書はアジア関係洋書約二万四〇〇〇冊で、東洋文庫の蔵書全体の九パーセントではあるが、それらを通してヨーロッパにおける一四〇〇年代以降の、アジアに関する学問の継承を辿ることができる。その膨大なモリソンの蔵書（モリソン文庫）の中でも、モリソンパンフレット（新聞・雑誌・論文等の切り抜き）、『東方見聞録』刊本（一四八五年）、ラーマ四世の手紙（一八五八年）、アヘン戦争図（一八四三年）、インド・中国・マカオの風景（一八二七～一八五〇年）等が特に有名である。

文庫の施設

モリソン文庫の他に、岩崎文庫（国宝・重要文化財・浮世絵の名品等）を擁し、館内では所蔵資料の閲覧が可能である。そして、アジアの歴史と文化に関する膨大な資料の収集・研究だけでなく、アジア学の楽しさを多くの人に知ってもらうために、併設ミュージアムで貴重な資料の数々が展示されている。そして常設展以外に、定期的に特別展が開催されている。例えば「マルコ・ポーロとシルクロード世界遺産の旅―西洋生まれの東洋学―」「もっと知りたい！イスラーム展」「仏教―アジアをつなぐダイナミズム―」「漢字展―四〇〇〇年の旅―」等、その幅広さ、多彩さが感じられるだろう。忙しい中時間をみつけてアジアの至宝を味わう贅沢を、ぜひ経験してほしい。

なお、東洋文庫のさらに詳細を知りたい方は、東洋文庫編『アジア学の宝庫、東洋文庫―東洋学の史料と研究』（勉誠出版、二〇一五年）、『東京人　特集　東洋文化の世界』no.三〇三（都市出版、二〇一一年）、『東洋見聞録―G・E・モリソン特集号』東洋文庫（刊行年記載なし）が参考になります。

（比較文化学部比較文化学科／石川照子）

19　時代を超える子どもの本を手にとって

国際子ども図書館（上野駅／東京都台東区）

博物館や美術館、動物園が立ち並ぶ東京・上野公園から、ほんの数分歩いた閑静な場所に国際子ども図書館はある。この図書館は、二〇〇〇年に開館した児童書の専門図書館である。図書館の建物は、一九〇六年に帝国図書館として建設され、一九二九年に増築となった建物をリノベーションしたレンガ棟と二〇一五年に新築されたアーチ棟から構成されている。これらの建物のリノベーションや新築には、建築家の安藤忠雄が関わっており、建物自体も見どころのひとつとなっている。

国際子ども図書館のレンガ棟には、本のミュージアムというさまざまなテーマで本を紹介する特別展示室とともに、二つの常設展示がある。そのひとつがレンガ棟二階の児童書ギャラリーである。児童書ギャラリーは、日本の子ども向けの本に関する歴史について、「絵本史」と「児童文学史」に大別して書架に展示している部屋である。この部屋に展示されている本は、手にとって見学できることがその特徴となっている。

まず部屋を入って、目にするのが、「絵本史」の「明治

から大正まで 黎明期の絵本」展示である。書架の上段から、明治一〇年代の『舌切りすずめ』をはじめ、「お伽画帖」、「日本一ノ画噺」、「お伽草子」などを手にとって見ることができる。

書架の裏側「大正から戦前まで 童画の時代」へと進むと『子供之友』、『コドモノクニ』などの絵雑誌や竹久夢二による『どんたく絵本』などが置かれている。絵雑誌は一見すると大型絵本のように大判のものもあり、現代の絵本に通ずるものを感じることができる。また、昭和初期の「キンダーブック」、講談社の絵本、戦時下の『ムラノエホン』や『ニッポンノアマ』のような小国民絵文庫は時代背景を感じとることができる。

展示書架を進むと「戦後から一九五〇年代まで 現代の絵本の出発」になる。そこには、占領下の絵本として『あひるさんとにわとりさん』が置かれている。表紙の「NEW FRIENDS」の文字が印象的である。そしてこの時期に生じた、縦書き・右開きの絵本が横書き・左開きの絵本へと変わっていく状況を実物で確認できるようになっている。その横には、「岩波子どもの本」シリーズや月刊物語絵本「こどものとも」といった同時期に創刊され、その後の絵本に大きな影響を与えた作品を手にとって見ることができる。書架の裏へ移動すると、福音館書店が刊行した『かわ』のような創作絵本、『スーホの白い馬』のような翻訳絵本、『どうぶつの親子』のような赤ちゃん絵本、「かがくのとも」のような科学絵本などがまとめて並べられており、絵本のジャンルが多様化していく様子を実感することができる。

さらに、書架を進むと「一九六〇年代から七〇年代まで 絵本黄金期」、「一九八〇年代から九〇年代まで 個と表現の追求」、「二一世紀の絵本 新しい希望のかたち」の展示へと続いていく。ここには、写真絵本や文字なし絵本などが紹介されるとともに、絵本作家ごとに代表作を手にとって見ることができるようになっている。

続いて、児童書ギャラリーを入って、左手には、手前から「国語教科書と児童文学」、「子どもの本の研究書」、「児童文学史」の三つのテーマ展示の書架が並んでいる。「国語教科書と児童文学」の書架は、小学校一年から六年の各国語教科書とそれに収録された児童文学作品の本が一緒に並べられている。「子どもの本の研究書」の書架には、児童文学論、児童文化、漫画・アニメーション、わらべうたなどのジャンルごとに基本書が展示されている。書架を進み、まず復刻された『金の船』、『小国民』などの雑誌がまとめておかれている書架を過ぎると明治から二一世紀までの児童文学作品を五章だてで展示している「児童文学史」の展示が始まる。最初は、「子どもの文学のはじまり」として、巌谷小波の仕事、少女雑誌と少女小説として『少女の友』や『どんたく』を手にとって見ることができる。

続いて、マンガのはじまりとして『お伽正チャンの冒険』をはさみ、大正期の『赤い鳥』創刊から戦前まで『童話』の時代』の展示として、『赤い鳥』などの雑誌とともに、『注文の多い料理店』、『日本童話集』などを手にとって見ることができる。さらに、書架を進むと『のらくろ二等卒』などの軍国的な時代を感じさせる作品が目に入ってくる。

書架の裏へと進み「戦後から一九七〇年代まで『現代日本文学』の出発」では、戦後創刊された『赤とんぼ』、『少年少女』などの児童雑誌、石井桃子『ノンちゃん雲に乗る』に続き、一九六〇年代からの児童文学として『くまの子ウーフ』、『ぼくは王さま』、戦争を描いた児童文学として『ほろびた国の旅』、民話と児童文学として『龍の子太郎』、ナンセンス児童文学として谷川俊太郎『ことばあそびうた』、エンターテインメントの時代として「それいけズッコケ三人組」シリーズなどが展示されている。

さらに進んだ「一九八〇年代から一九九九年まで 児童文学の現在」では、『はれときどきぶた』、『きいろいばけつ』とともに、詩集『てつがくのライオン』、さまざまなファンタジーとして『つめたいよるに』、『ごめん』などの作品が展示されている。最後の「二一世紀の児童文学」では、YAの波として『DIVE!!』、『一瞬の風になれ』などの作品、児童文学のいまとして『こんぴら狗』、『ぼくたちのリアル』などの作品が置かれ、手にとって見ることができる。

もうひとつの常設展示が、レンガ棟三階のホール常設展示「帝国図書館から国際子ども図書館へ」である。帝国図書館の設立までの経緯から、開館後の図書館の様子が写真や帝国図書館で使用されていた焼き鏝や館銘板、閲覧券などの品物、その後の国立図書館、国立国会図書館支部上野図書館への変遷と、国際子ども図書館開館までの歩みが展示解説されている。また、カード目録を収めていたカードボックスも展示されており、図書館の歴史と子どもの本について学びたい人にはぴったりの場所となっている。

（短期大学部国文科／中山愛理）

20 東京子ども図書館（新江古田駅・南長崎駅／東京都中野区）
「子どもの世界」を感じられる場所

　東京子ども図書館は、中野区江原町の閑静な住宅街の一角にある私設図書館です。かつて三人が設立した四つの家庭文庫が、一九七四年に財団法人化され、ひとつの図書館として誕生しました。その後一九九七年に現在の地に移転し、今日を迎えています。また分室として杉並区荻窪に「かつら文庫」があります。

　図書館の中にある児童室には、子ども向けの児童書が約八五〇〇冊蔵書されています。小さい子は親子で、小学生くらいになると一人でも児童室を訪れ、その場で読んだり、スタッフの方に読み聞かせてもらったり、あるいは借りて家に持ち帰ることもできます。

　配架されているものは、図書館のスタッフが書店に足を運び、またスタッフミーティングで厳選に厳選を重ね、子どもにぜひ読んでもらいたい「プロが選ぶ本」の数々です。選書リストは販売もされており（二〇二二年現在三冊の児童図書館基本蔵書目録が刊行）、子どもに携わる人たちにとっては、必携の書ともいえるでしょう。

　東京子ども図書館が大人にとってさらに興味深い施設であるのは、児童室だけではなく資料室が併設され、また、様々な講習会などが経験できる施設であるからです。

　地下一階のフロアを使って配架されているのは、児童文学に関する様々な資料の数々です。絵本や物語などの文学作品は、海外のものも含まれています。イギリスの図書館協会が選定するカーネギー賞作品や米国の児童図書館協会が選定するニューベリー賞作品などは、毎年のものが保存されています。

　あるいは、日本をはじめ世界各地に伝わる民話、昔話などはその地域ごとにまとめられ、いくつもの書架が埋められています。お話会などで語られる物語の多くも、ここで見つけることができるでしょう。

　また、子どもや児童文学、児童文化に興味を持つ方にとっては、貴重なアーカイブとしても利用することができます。文学の歴史や発展について記したもの、子どもの言葉の獲得や発達などについて記したもの、子どもに関連する社会的な問題・課題などを扱ったものなど、子どもにかかわる資料が保存されています。研究論文を執筆する方にとってもヒントとなり、また必見の資料が見つかるかもしれません。利用登録を行えば（年間一〇〇〇円）、一部の資料を除いて、資料を借り受けることもできます。

ほかにも、子どもにお話を語ることができるようになるための講習会の開催、おとな向けに開催されるお話会など、おとな向けのプログラムも充実しております。深遠な子どもの世界に触れるためだけなく、大人としての教養を高めるためにも、東京子ども図書館を訪れてみてください。

（家政学部児童学科／坂田哲人）

21 学問のルーツを探り、四〇〇年前の都市生活を顧みる

江戸東京博物館（両国駅／東京都墨田区）

江戸東京博物館は、両国駅に隣接する博物館です。駅の周辺には、両国国技館や葛飾北斎に関するギャラリーや史跡があり、力士とすれ違い、ちゃんこ鍋の店なども多くある町です。

江戸東京博物館は、江戸時代、明治・大正・昭和初期の資料が多数あり、日本（東京）のルーツを知ることができるのはもちろんのこと、私たちの生活の足跡を辿ることもできます。入館してまず驚くのは、江戸の中心であった実物大に再現された大きな「日本橋」です。日本橋の先に見える江戸の町に入っていくため、まるで江戸時代にタイムスリップするかのようです。

常設展示室は、吹き抜けの五、六階にあり、東京ゾーンと江戸ゾーンに分かれています。江戸時代の街並みと文化、人の行き交う様子など、史実に基づいて縮尺模型で再現されています。寛永時代の町人の暮らし、大名屋敷や江戸城御殿など、実物大のスケールで迫ってきます。江戸の街並み、町の人の暮らし、出版、文化、美、文明開化、関東大震災、現代の東京など、それぞれの視点から江戸と文明開化の東京を観ることが可能です。

家政学部の方は子育てや教育の歴史、着物や衣服の変遷、食の変遷、生活や文化、芸能の変遷などを、文学部の方は文学史や出版・情報などを、社会情報学部の方は環境問題、都市問題、社会生活に関して、比較文化学部の方は外国や外国人との接点などの調査をなさってはいかがでしょうか。

展示を見てもっと知りたくなったら、七階の図書室や映像ライブラリーを利用しましょう。図書室には、図書や雑誌、マイクロフィルムなどがあり閲覧することができます。また、映像ライブラリーでは、タッチパネルでオリジナルの作品（「映像で綴る東京の昭和」「江戸のごみ処理」「東京大空襲」「寛永の江戸」「東京の文学とその風土」「お雇い外国人と東京」他、計五四八作品所蔵）を観ることができます。

展示を見終えたら、一階と五階にあるミュージアムショップを覗いてみましょう。ショップでは、オリジナルグッズや企画展に即したグッズが購入できます。また、一

階「カフェ三笠」では、「昔ながらの焼きプリン」など、銀座で九〇年培った洋食三笠會館の味が堪能できます。

展示のポイント（江戸⇕東京）

江戸	東京
江戸城と町割り	文明開化東京
町の暮らし	開化の背景
出版と情報	産業革命と東京
江戸の商業	市民文化と娯楽
江戸と結ぶ村と島	関東大震災
江戸の四季と盛り場	モダン東京
文化都市江戸	空襲と都民
江戸の美	よみがえる東京
芝居と遊里	高度経済成長期の東京
江戸から東京へ	現代の東京

（家政学部児童学科／石井章仁）

22 江戸東京たてもの園（武蔵小金井駅・花小金井駅／東京都小金井市）江戸・東京の歴史と暮らしを建物から考える

中央線武蔵小金井駅と西武新宿線花小金井駅のちょうどまんなか辺り、玉川上水沿いに小金井公園があります。日比谷公園の約五倍のかなり広々とした公園ですが、その一角に開設されているのが江戸東京たてもの園です。一九九三年に、東京都が江戸東京博物館の分館として開園しました。公園の一角にあるといっても、たてもの園自体も相当広く、後で見るように、移築された建物は、全部で二九軒あり、ゆっくり見て回ると半日は楽しめます。

東京は江戸の時代から何度も火災や水災に見舞われ、近代以降も関東大震災や空襲で、多くの建物が失われました。こうした貴重な歴史的建造物を保存・復元しよう、現地保存が不可能となった建造物を移築しようというのが、開園の目的でした。愛知県犬山市に設置されている明治村とちょっと似ていますが、江戸・東京の建物に限定しているところが特色といえます。

江戸東京たてもの園は、都内に存在した江戸時代前期から戦後までの文化的価値の高い建物を復元・展示し、さらに、前身である旧武蔵野郷土館が収集した考古・歴史・民俗資料や建物遺構などを屋外に並べて展示しており、それぞれの建物についての企画展示などをこれまで何回か行ってきました。建築に興味のある人はいうまでもなく、歴史に興味のある人、東京に興味のある人、民俗に興味のある人にとってもぜひ一度は訪問したいところです。

どんな建物が移築されたのか、復元されているのかを、みていくことにしましょう。七ヘクタールの園内は、センターゾーン、西ゾーン、東ゾーンに分けられています。センターゾーンは、園への出入口で、一九四〇年に紀元二六〇〇年記念式典のために皇居前広場に設置された式殿（旧光華殿）があり、ビジターセンターと名付けられて、ここがたてもの園に入る正面改札となっています。

ビジターセンターには日本建築の歴史や、園の建造物についての導入展示があり、図書コーナーやミュージアムショップもあります。この他にセンターゾーンの建物は五つ。尾張藩主徳川光友の正室が母のために建てた霊屋、旧宇和島藩が建てた伊達家の門、総理大臣、大蔵大臣、日銀総裁を歴任し、二・二六事件で凶弾に倒れた高橋是清邸、北多摩の製糸家の別邸、茶人の茶室などがあります。

西ゾーンは、山の手通りに面して、さまざまな建築様式の住宅を復元・展示しています。時代は、江戸時代中期から、第二次大戦後まで、一〇の建築物が並んでいます。江戸時代のものとしては、八王子千人同心組頭の家、名主を務めた豪農の家、広間型の間取りを持つ農家の家があります。

明治大正期のものとしては、田園都市構想に沿って建てられた全室洋室の田園調布の家、日本のモダニズム建築を主導した建築家堀口捨己が和洋折衷で建てた小出邸、ドイツ人建築家が建てたデ・ランデ邸などがあります。昭和期に入ると、洋風写真館、戦前日本を代表する三井家三井八郎右衛門邸があります。あと、東京ではないのですが、旧武蔵野郷土館が収集した奄美大島の高倉（高床式倉庫）もここに設置されています。

東ゾーンは、昔の商家・銭湯・居酒屋などが一四軒並んでおり、東京下町の風情を再現しています。港区白金（今はおしゃれな街ですが、昔は下町でした）の醤油店、同じく白金台の乾物屋、台東区下谷の居酒屋、足立区千住の風呂屋、文京区向丘の仕立屋、千代田区神田須田町の文房具屋、同じく神田須田町の万世橋交番、神田淡路町の生花店、神田神保町の荒物屋、台東区池之端の小間物屋、江戸川区南小岩の和傘問屋、青梅市の旅籠などで、タイル張りの看板建築あり、人造石洗い出しの洋風建築あり、伝統的な出桁造りあり、銅板片を組み合わせたモダンデザインあり、典型的ともいえるような銭湯ありと、観ていて飽きません。

毎年、二〜四の企画展示も継続的に開催されています。例えば、二〇二一年度は、「縄文のくらしとたてもの」、「大銭湯展」（四期）、二〇二〇年度は、「大銭湯展」（二期、三期）、二〇一九年度は、「大銭湯展」（一期）、「小出邸と堀口捨己」、「FUROSHIKI TOKYO」、二〇一八年度は「武蔵野の歴史と民俗」、「東京一五〇年―都市とたてもの、ひと」、二〇一七年度は「東京一五〇年記念看板建築展」、「武蔵野の歴史と民俗」、「世界遺産登録記念 ル・コルビュジエと前川國男」など、建築史、建築理論にとどまらず、広い視点からの企画が立てられています。

江戸東京たてもの園のある小金井公園には、広々とした草地、雑木林、桜の園、子供広場、サイクリング場、弓道場、テニスコート、SLがあり、近くには、玉川上水沿いの道など「武蔵野」の散策もできます。勉強とリフレッシュ、一挙両得の施設といっていいのではないでしょうか。

（学長／伊藤正直）

23 江東区深川江戸資料館（清澄白河駅／東京都江東区）

五感で江戸の生活を疑似体験しよう！

「江戸時代は電気やガスなどもないのに人々はどうやって生活していたのだろうか」「木と土と紙だけの家ってどんなだったろうか」等、江戸時代の日本人のライフスタイルに興味を持ったことはありませんか？　そんな時にお勧めなのが、江東区深川江戸資料館（以下、「深川江戸資料館」）です。

深川江戸資料館は、江戸末期の深川地域の街並みを再現した体験型資料館で、江戸時代の庶民のライフスタイルを、五感をもって知るには最適の場所です。実寸大に再現された薄暗い家に上がり込んだり、手で家具に触れたりすることができるだけでなく、館内の照明や猫や鳥の鳴き声などを通じて一日の時間の経過が実感できるように設定されているからです。

館内の階段をおりたら、まず裏通りの庶民の家（長屋）に入ってみましょう。玄関はそのまま台所となっていて、部屋は四・五畳一間。家具は一〇点ばかりしかありません。もちろん冷蔵庫などありません。でも毎日不自由なく新鮮な食べ物を手に入れられていたのです。なぜかというと、毎日、棒手振と呼ばれる人たちが天秤を抱えてありとあらゆるものを長屋に売りにきたからです。野菜、魚介はもちろん、納豆、豆腐、ふかし芋、おでん、蕎麦、ところてんなど調理を必要としないもの。それどころか、団扇、針金、笠などの生活用具から貸本、植木、風鈴、金魚などの趣味のものまで売りにきました。「コンビニが近いから冷蔵庫が要らない」……どころの便利さではなかったのです！家は狭くとも豊かな生活。「街の便利は家庭の不便を上回る」といったところでしょうか。

つぎに、外に出て便所とゴミ捨て場をみてみましょう。もちろん便所は水洗ではなく、汚物を下水に流すこともありません。しかし、汚物は近郊の農家が定期的に買いにくるのです。なぜなら、人糞は畑の肥しになるからです。またゴミ捨て場には割れた茶碗と貝殻くらいしかありません。それは他のあらゆるものが再利用可能なので、リサイクル屋が使用済みのくず紙も灰も、果ては垂れたろうそくのロウまで買いにきて、ゴミはゴミではなくなるからです。現代のエコライフといえば我慢のイメージが伴いますが、江戸時代のエコライフは徹底的だったのに楽ちんで、お金までもらえるものだったのです。

では、今度は表通りにでて、商店を見てみましょう。八百屋では今では味わえないご当地の野菜がいくつも並んでいます。「亀戸だいこん」「滝野川ごぼう」「千住ねぎ」「寺島なす」「三河島菜」……。どんなものか知らないという人はぜひ、ここの模型を手にとってみてください。でも、そもそも大根というのはスーパーで売っているあの大根一種類しか存在していないと思っている人はいませんか？かつて全国に地域ごとに固有の野菜が多数存在していましたが、生産や流通の効率、コストなど理由で淘汰され、どの野菜もだんだん種類が限定され、全国的に画一化されてきて今日に至っているのです。それによって現代の私たちの食生活がコストやスピード面で便利なものとなっているのですが、そのことが本当に食の豊かさを表すといえるかどうかを考えさせられます。なお、こうした江戸の町の野菜は、「江戸東京野菜」と呼ばれて、現在、細々と復活の努力がなされています。すでに、それを提供する飲食店が都内に出現していますので、機会があればぜひ江戸の人たちが親しんだ味を楽しんでみてください。

ところで、ここ深川江戸資料館は、家政学部ライフデザイン学科が新入生オリエンテーション研修の場として頻繁に利用する施設です。ライフデザイン学科は、生活全般についての学際的な学びを総合することを通じて、自然と共生しながら生活の質（ＱＯＬ）を高められるような、日本人の未来のライフスタイルを構想することを理念にしています。このような学びを開始するには、まず現在の私たちのライフスタイルがいったいどういう状態なのかを認識しなければならないのですが、その真っ只中にいる私たちがそれを客観視することは容易ではありません。

そんなときは、海外の人々のライフスタイルと比べること（空間軸での比較）と過去の日本人のそれと比べること（時間軸での比較）が有効です。しかしながら、前者については実際に海外旅行・留学で体験することができるものの、後者については、過去はもう過ぎ去っているわけですから生の体験はできません。でも、この深川江戸資料館に来れば先ほど紹介したような疑似体験ができるので、「人間の排出物が自然に還らない現在の仕組みってどうなのだろうか」「さすがに今の日本人はモノを持ちすぎているなぁ」「現代の家や店舗は必要以上に明るいのではないか」とかいった疑問が湧いてきて、今の生活を見つめなおすきっかけになるというわけです。

もちろん、ライフデザイン学科の学生でない方々、例えば近世文学に興味のある方、時代劇や時代小説、あるいは落語に興味のある方で、戯曲や小説の中に描かれる町や家の様子が感覚的にわからないので実際に確かめたいというような方には、大いに楽しみながら学んでいただけることでしょう。

資料館ですから、建物や生活用具などのモノが展示物ですが、ボランティアの解説員の方々が江戸の町人たちの生活を詳しく説明してくれますよ。

ここ深川江戸資料館の近くには庭石の種類の多さで有名な清澄庭園もあります。また、ちょんまげのかつらをかぶった名物おじさんのいる土産物屋やお洒落なカフェ、生活用具の雑貨店などもあるので、散歩がてらに立ち寄ってみてはいかがでしょうか。

（家政学部ライフデザイン学科／宮田安彦）

24 昭和のくらし博物館（旧小泉家住宅）

昭和のくらしを丸ごと体験できる博物館

（久が原駅・下丸子駅／東京都大田区）

学生のみなさんにとって、昭和時代のイメージとはどんなものでしょうか？　レトロ、人情、懐かしい雰囲気、サザエさんの世界……。なかには、大昔のように思っている方もいるかもしれません。

昭和のくらし博物館は、昭和二六年に、公務員の小泉さんが奥さんと娘四人と住むために建てた木造二階建ての家を、家財と一緒にまるごと保存・公開している文化財住宅です。常設展示では、まだ家庭に電化製品が入ってくる前、昭和三〇年前後の小泉家のくらしを再現しています。テレビも洗濯機も冷蔵庫も電子レンジもエアコンもない、電気を使っているのは、電球とラジオくらいでした。

博物館では、季節のしつらえ替えや昔ながらの大掃除など、当時を体験できる展示や活動もしています。しつらえとは、部屋の建具（襖や障子）、敷物を替えたり、火鉢を置いたり、風鈴を吊るしたりして、暑さ寒さをしのぐ工夫の一つです。昔ながらの大掃除では、はたきやほうき、雑巾、ぬか袋を使いますし、障子の張替えをした後は、はがした障子紙を燃やして羽釜でご飯を炊いて食べていました。

核家族化が進み祖父母との同居が減り、昭和時代のくらしについて見聞きする機会がなくなった一〇代、二〇代の方にとって、昔のくらしがかえって新鮮に新しい価値観として映るのではないでしょうか？　特に、三・一一東日本大震災後、これまであって当然だと思っていた電気がなくなったり、原発による自然破壊を経験したことで、電子レンジがなくても食事を作り、洗濯機がなくても大家族の服を洗っていた時代の手仕事による丁寧なくらしに関心が寄せられるようになりました。また、不便だったからこそ助け合っていたご近所さんや親せき、家族、友人など、人と人のつながりが見直され、シェアハウスや下宿などあえて人と関わるくらし方も近年注目されています。

さらにコロナ禍で「新しい生活様式」という言葉が生まれました。コロナ禍以前であれば「食事中はテレビを消して会話を楽しみましょう」と食生活指針にも同様の内容が挙げられていました。令和二年度の内閣府調査では「自宅で食事を摂ることが増えた」と回答した人が四〇％を超えている一方で学校等では「黙食」「孤食」が推奨されています。同時にＳＤＧｓの概念も普及してきました。昭和の暮らしを学ぶことで衣食住における持続可能な循環システムの構築についても再認識できます。

このように生活様式は時代とともに変化しますが、人との関わり方や環境との相互作用を学び、豊かな心を育み、人間性を高めながらＱＯＬの向上を目指す家政学そのものを体験できるのがこの博物館です。そして未来を担うみなさんにとっては、昭和のくらしを学び刺激を受けることが自分自身のくらしを振り返るきっかけとなり、大学で研究するテーマ、就職先で取り組む企画など身近で新しいテーマが見つかることでしょう。

（家政学部食物学科／上杉宰世）

25 昔へタイムスリップできる野外博物館

川崎市立日本民家園（向ヶ丘遊園駅／神奈川県川崎市）

一九五〇年代から六〇年代にかけての高度経済成長期の日本では、老朽化して使い勝手が悪くなった建物を取り壊して、現代風の新しい設備を整えた建物に建て替えることは、経済的な成功と豊かさを象徴する行為と考えられていました。それゆえ、神社仏閣のような文化財的価値が認められていた建物ではない一般の人々が暮らす古い住宅（古民家と言います）は、真っ先に建て替えの対象となってしまい、急速に姿を消しつつありました。そのような取り壊しの危機にあった各地の古民家を移築復原して保存する野外博物館として、日本民家園は一九六七（昭和四二）年に開園しました。

開園当初わずか三棟の古民家からはじまった民家園も、現在では東日本のものを中心に一七棟の古民家と、漁村の歌舞伎舞台、水車小屋、船頭小屋、武家屋敷の門などあわせて二〇数棟の建物が立ち並ぶ日本有数の野外博物館となっています。その一方で、現在では古民家の文化財としての、また観光資源としての価値が広く知られるようになったため、地元が古民家を手放さなくなっており、その保存は現地で行うことが主流となっています。その点から考えると、民家園のように各地から収集した古民家をまとめて公開するような博物館をこの先新たにつくることは難しいでしょう。まさに民家園は、高度経済成長期という時代のなかにありながら、いち早く古民家の文化財的価値に気がついた人々がつくりだした奇跡の博物館なのです。園内にある古民家のうち七棟は国の重要文化財に、そして一〇棟は県の重要文化財に、また漁村の歌舞伎舞台は国の有形民俗文化財に指定されています。

さて、民家園を訪れた人には、まず入口にある本館展示棟から見学することをお勧めします。そこでは日本の古民家に関する基礎知識を、日本各地に残る民家の模型や民家を建てるときに使った大工道具を見ながら学ぶことができます。基礎知識を仕入れたあとは、いよいよ外に出て園内に続く道をたどってください。順番に「宿場の村」「信越の村」「関東の村」「神奈川の村」「東北の村」という古民家が建ち並ぶ六つのエリアへと導かれます。入園者はまるで旅をしているかのようにそれぞれの「村」を巡りながら、日本各地の風土がはぐくんだ特色ある古民家に出会い、民衆の知恵がつくりだした住居の多様性が学べるようになっています。例えば、「信越の村」にある富山県と岐阜県の豪雪地帯から移築した四棟の合掌造りの古民家は、着雪を防ぐための急勾配の大屋根が特徴ですが、内部は三階から四階に仕切られていて、その規模の大きさは他地域の古民家を圧倒しています。この合掌造りの古民家は、園内にある他の多くの古民家と同様にその屋根は茅（ほとんどの場合はススキが使われます）で葺かれていますが、木材が豊富な山国から移築された古民家の屋根は板で葺かれていますし、火事の多い町場から移築された古民家の屋根は瓦で葺かれています。このように、それぞれの古民家の形態やそれを建てるための素材は、その民家の立地（自然環境）によって異なります。その多様性を創りだした人びとの暮らしの知恵にぜひ注目してください。

さらに、園内にはいわゆる農家のみならず、商家、馬宿（馬の仲買人を泊めた宿）、網元の家なども移築されており、それぞれの古民家の立地だけでなく、居住者の生業や社会的身分の違いがつくりだす住居の多様性も学ぶことができます。例えば、園内にある農家の屋内は、たいてい床のない土間と床が張られた広間、座敷、納戸で構成されていますが、街道筋や町場で商売や宿屋を営んでいた家には、農家と同じような土間や居室に加えて、顧客に対応するための帳場や宿泊者を泊める部屋などがあり、それぞれの生業よる間取りの違いを観察することができます。また、その古民家が名主や網元といった階層の人びとの所有であった場合には、来客用の出入口や座敷が特別にしつらえてあったり、使用人の部屋があったりと、庶民の住宅にはない特徴も見られます。

このように民家園には多様な古民家が移築されているのですが、その価値は、なんといってもそれらが「本物」だということです。各地のテーマパークに行けば、いかにも本物らしくつくられた外国や日本の町並みを目にすることができます。でもよく見てみると、そこにある建物はどれも「セット」にすぎず、長年の風雪に耐えた風格はありません。民家園に移築された古民家も、もともと建っていた場所では居住者が住みやすいようにいろいろと現代風の改造を施していました。しかし移築のために解体するときにきちんと学術調査を行い、園内で復原されるときには二〇〇年から三〇〇年前の創建当時の姿に戻されています。それに加えて、それぞれの古民家の内部には、その古民家があった地域から収集されたさまざまな昔の生活用具（古民具と言います）が、かつて使われていたときと同じように配置する形式で展示されています。だから古民家に入ってみると、まるで江戸時代に戻ったみたいな感じがします。このように、昔へタイムスリップしたような感覚を味わうことができるのも、「本物」がもつ説得力のなせるわざです。

民家園では、ただ古民家を見学することにとどまらず、わら細工、竹細工、機織り、藍染めなどの体験会がしばしば開かれており、それに参加すると、昔の人たちの暮らしの知恵に体で触れることができます。また毎年秋には、園内で保存公開されている漁村の歌舞伎舞台を利用した民俗芸能公演も行われています。それは実際に建物がどのように使われていたのか、ライブで見ることができる貴重な機会となっています。日本の歴史や住居に関心がある学生のみならず、民衆の生活文化に興味がある学生は、ぜったいに一度は訪ねてみるべき博物館です。かつてここ民家園で働いていたことがある筆者が勧めるのですから、間違いありません。

（比較文化学部比較文化学科／佐藤円）

26 明治期を代表する絢爛豪華な大邸宅

旧岩崎邸（湯島駅／東京都台東区）

明治時代、日本に導入されたばかりの資本主義の在り方をめぐって、意見を異にする二大実業家がいました。三菱財閥創始者の岩崎弥太郎と、五〇〇以上の会社設立に関わった渋沢栄一です。同じ時期、私の専門である東南アジアは、タイを除くすべての国が欧米列強資本主義諸国の植民地となっていました。東南アジアと日本を比較することでこの時代をより深く理解できることもあり、授業ではこの二人の人物とゆかりの地も紹介しています。

上野公園の不忍池からほど近くにある旧岩崎邸庭園は、日本近代建築の父と呼ばれたジョサイア・コンドル（日本政府の招きでイギリスから来日、鹿鳴館、ニコライ堂なども設計）の最高傑作と言われ、国の重要文化財にも指定されています。

入り口の門から続く木立に囲まれた長いアプローチは、街の喧騒や日々の雑事を忘れさせ、穏やかな気持ちに誘ってくれます。そして突然、目の前に現れる豪奢な洋館、それが旧岩崎邸です。ジャコビアン様式（ゴシックからルネッサンスへの過渡期の様式）を基調にした威風堂々たる二階建ての洋館ですが、驚くことに木造建築なのです。三菱の三代目当主、岩崎久彌の邸宅で、一八九六年に完成しました。

洋館内に入ると、足元のモザイクタイル、玄関上部のステンドグラスなどに目を奪われますが、その先の階段ホールの構造にも注目してください。当時は珍しかった吹き抜け構造で、華麗な装飾が施された三つ折りの大階段が一階と二階をつなぎます。館主が悠然と大階段を降りながら賓客に挨拶するその様子に、平屋建築しか知らない当時の人々は度肝を抜かれたことでしょう。

迎賓館の役割も担っていた洋館には、婦人客室のイスラム風の意匠やペルシャ風日本刺繍のシルク張り天井、各部屋で趣の異なる暖炉、モザイクタイルが見事な一階ベランダ、地下通路でつながったビリヤード室があり、見所が目白押しです。さらに、この洋館で忘れてはならないもの、それは金唐革紙と呼ばれる壁紙です。和紙に凹凸をつけ、漆や金箔などで彩色したもので、世界が認めた質の高さと美しさを誇っています。ウィーン万博（一八七三年）に出品されて以降、日本の主な輸出品になった幻の工芸品です。

旧岩崎邸は、生活の場であった和館も備えています。舟底型の低い天井、畳敷きの渡り廊下に足を踏み入れたその瞬間、一気に空気が変わります。贅を尽くした木造平屋建ての和館は、当時日本一の棟梁と言われた大河喜十郎の作で、銘木が惜しげもなく使われ、三菱のシンボル菱型の意匠も随所に見ることができます。

現在は創建当時の三分の一の面積しか残っていない旧岩崎邸ですが、明治期建築の和・洋それぞれの最高傑作を同時に見ることのできる貴重な場所です。旧岩崎邸のすぐ裏手に、三菱史料館・展示室もありますので、そちらもぜひ訪れてみてください。

（文学部コミュニケーション文化学科／関本紀子）

27 旧古河邸（庭園）（上中里駅・西ヶ原駅／東京都北区）
大正ロマン時代のバラの館

春と秋のバラの季節にぜひ訪れてほしい場所があります。それは飛鳥山近くの丘陵地に建てられた旧古河邸です。この洋館は、古河財閥（主に銅鉱山開発事業を手掛けた、戦前の五大財閥の一つ）三代目当主、古河虎之介が一九一九年に建てたもので、設計は旧岩崎邸と同じくジョサイア・コンドルです。建物はレンガ造ですが、外壁は落ち着いた色合いの新小松岩で覆われ、ベランダを挟んで左右に切妻屋根を配した外観は、重厚さと素朴さを兼ね備えています。豪華さが強調された明治の洋風邸宅とは異なる趣きが感じられます。

この建物が最も美しく見えるのは、土地の高低差を活かして洋館を見上げるように配置された三段テラスの西洋庭園からの眺めでしょう。虎之介と不二子夫人はとてもバラを愛したそうで、九〇種一八〇株のバラが植えられています。咲き誇るバラのその先に、美しい洋館がそびえる姿は圧巻です。

洋館内部の特徴は、一階が洋風の公的な空間なのに対して、生活の場であった二階は畳敷きの和の空間が広がっていることです。洋館と和館とがそれぞれが独立していた旧岩崎邸とは対照的ですね。

玄関扉の美しいステンドグラスの先には、吹き抜けの広々としたホールがあり、それを囲むように書斎や応接室、ビリヤード室などが配されています。なかでも目を引くのは、深紅の布張りの壁、大きな櫛形の装飾を備えた暖炉など、豪華な印象を与える食堂です。パイナップルやリンゴなど果物をモチーフにした漆喰天井の装飾や、愛らしいバラのモチーフも点在しており、軽やかさも演出しています。現在、この食堂とベランダはカフェとして営業しており、優雅にティータイムを楽しむことができますよ。

そして二階へ上がりドアを開けると、外観からは想像できない和の世界が広がります。伝統的な書院造りの客間や、仏堂建築の意匠である火燈窓風の出入り口を採り入れた仏間からは、コンドルの日本文化への造詣の深さを窺い知ることができます。一方で、洋式のワードローブが備えられた和室もあり、洋風の生活様式が明治よりも浸透した、大正時代ならではの空間配置といえるでしょう。

西洋庭園から流れるように続く日本庭園（京都の名庭師・七代目小川治兵衛の作庭）も一見の価値ありです。和洋が見事に融合した旧古河邸は、コンドル最晩年の傑作に他なりません。

コンドルの弟子として有名なのは、東京駅を設計した辰野金吾、赤坂離宮の設計者である片山東熊などが挙げられます。そして辰野金吾の弟子、塚本靖は日本が韓国を植民地統治していた時代にソウル駅旧駅舎（現「文化駅ソウル二八四」）を設計しました。この駅舎、東京駅にとてもよく似ているのです。コンドルの系譜を受け継ぐ建築とその背景を読み解くことで、様々な歴史に触れる楽しみにもつなげてみてはいかがでしょうか。

（文学部コミュニケーション文化学科／関本紀子）

西洋庭園と日本庭園の対照をなした並置

旧古河庭園は百余年前に建てられた洋館に付随する二つの庭園であり、丘の上の西洋庭園と低地の日本庭園というまったく異なった空間が斜面を挟んで併存する。

ここにはかつて陸奥宗光（外交官・外相）の邸宅があったが、陸奥の次男潤吉が古河財閥で知られる古河家の養子になったためこの地所も古河家の所有となり、一九一七年に現在ある屋敷が英国人建築家ジョサイア・コンダー（慣用的表記ではコンドル）によって建てられた。旧古河邸の洋館は現在、大谷美術館という名称で一般公開されていて、ガイド付きツアーでのみ内部を見学することができる。庭園は東京都の文化財として東京都公園協会の管理下で公開されている。

屋敷に面した西洋庭園はコンダーによる造園だが、いわゆる英国式庭園ではない。むしろ英国式の対極のヨーロッパ（大陸）風整形庭園である。ヨーロッパ風庭園といってもルネサンス時代に流行したイタリア式庭園、一七世紀後半のフランス式庭園とオランダ式庭園など、同じ整形庭園でありながら多様な様式があるが、この庭はそのどれとも言い難い。高低差を活用している点はイタリア式だが、全体の雰囲気はそれほどイタリア風でもない。花壇が主役であるところはフランス式だが、フランス式庭園とはもっと平面的で大規模なものを言う。オランダ式庭園とはトピアリー（常緑樹の刈り込み）に代表される技巧的要素が顕著な庭だ。そういうわけでこの西洋庭園は「ヨーロッパ風」としか言えない。この庭の主役は何と言っても薔薇であり、五月から六月と一〇月から一一月にかけて見頃を迎える。斜面は躑躅で埋め尽くされ、四月から五月に満開になる。

斜面の下にある日本庭園には心字池を中心に南（屋敷と反対側）に見晴台と枯滝、東に茶室がある。この庭は主に京都で活躍した造園家小川治兵衛によって造園された。小川は「植治」の屋号を持ち、南禅寺疏水園地群や無鄰庵（山形有朋別邸）の作庭で知られる。旧古河庭園の日本庭園は紅葉と黄葉の時期（一一月下旬～一二月上旬）に訪れたい。

（元比較文化学部比較文化学科／安藤聡）

28 ふたつの美しさを体感できる空間デザイン

東京都庭園美術館（目黒駅／東京都港区）

お招きにあずかる美術館

この美術館へは一九八三年の開館時からおよそ四〇年間、開催された大半の企画展や特別展に足を運び鑑賞しつづけてきた。その理由は、一九三三年に竣工した旧朝香宮の個人邸宅を美術館へ改装した、日本国内では珍しい、いわゆるコンバージョン建築空間の趣が気に入ったためなのかもしれない。また、「贅を尽くした全盛期の美しいアール・デコスタイルをそのまま残した建築空間や、そこに備え付けられている調度品、芝庭や日欧両スタイルの庭園が主役」で、「毎回異なった企画展で展示される、あたかもインテリアデコレーションのような美術作品は脇役」という、少し珍しい立ち位置の非日常空間を楽しむ美術館と理解してきたことがあるのかもしれない。

そのようなわけで、庭園美術館で展覧会を鑑賞するたびに思うことなのだが、高い教養を持った、とてつもない大富豪の当主に招かれて、「今度新しく購入したアートピースなのですが、我が家の室内空間に上手くコーディネートされているでしょうか？」と悪戯っぽく質問されているような錯覚に陥る。さらに鑑賞する人間さえも美術館空間の中に違和感なく存在しているのかどうかを、どこからか観察されているような気がして、まさか過度にドレスアップするわけにもいかないので、少しだけエレガントな立ち居振る舞いを意識しつつ滞在時間を過ごすように心がけている。

美術館本館には見るべきポイントが数多く存在する。その中でも個人的に最も好ましく感じる場所は二階の南側に位置するベランダである。いつの頃からか無粋なタワーマンションが視界に入るようになってしまい、心底残念なのだが、それでも天気の良い日に見る近景の眺望は大変素晴らしく、丁寧に整備された芝庭や趣のある日本庭園を臨むことができる。また床材には典型的なアール・デコスタイルのパターン装飾としてモノトーンの大理石が市松模様に美しく敷かれている。きっと気候の良い季節には外気にも触れつつ、歴史への思いを馳せながら心地良いまどろみに誘われるはずである。

本館―毒を隠し持った重厚な歴史的空間―

これまでに開催された全展覧会を振り返り、その中でも本館の空間デザインに調和していた展示について独断で抽出したところ、二五件あった。その全てを並べてみると、もちろん朝香宮邸の竣工時と同時代に活躍した芸術家の作品はぴったりハマっているのだが、他にも、「哀しみ」、「哀愁」、「栄華と滅び」、「淫靡」、「いかがわしさ」、「退廃的」、「デカダンス」、「傍流」などのキーワードに代表されるような毒に溢れた美の表現やマイナスイメージ、屈折した芸術家自身の生き様がシンクロしている空間なのかもしれないと気付いた。なんだかこのお邸が今日まで辿ってきた数奇な道のりにも関係しているようにも思えてくる。

既に三〇年も経ってしまったが、一九九二年に開催されたアメリカ人写真家、ロバート・メイプルソープの企画展は空間デザインと展示作品のマッチングについて最も印象深く思い出される内容である。一九八九年、メイプルソープはキャリアの絶頂期に若くしてＡＩＤＳを発症し命を落としてしまう。つまり日本のバブル景気が絶頂を迎えた華やかな時期に作者が亡くなり、バブルが崩壊した後、先行きの見えない不安な気分が社会に蔓延してきた年にその遺作展を鑑賞したことになる。

それまで写真集の中だけで目にしていたメイプルソープの作品は、庭園美術館が放つ非日常空間のパワーに負けない展示を目指すため、少なからぬ数の作品が相当大きなサイズでプリントされていた。その中でも晩年の作品から感じた圧倒的な存在感は今でもはっきりと脳裏に焼き付いている。当時、好き嫌いを超越した凄みとはこういうことなのかと思い知らされ、まさに様々な意味での栄華と滅びが交錯した瞬間を味わうことができたことを覚えている。

新館―わかりやすい美を演出する軽やかな空間―

二〇一三年、本館竣工後八〇年、美術館開館三〇周年という区切りで新館が竣工された。美術館に限らず、近年の日本における公共性の高い空間は過度に開放的、健康的、清潔感に満ち溢れたモダニズムスタイルを極めていく方向が強く、少し平板で凡庸とした退屈な入れ物が多いように感じるが、新館に関しては大富豪の跡取りが、「私は先人たちとは違って作品が主役の美術館を新しく作りたい！」という強い思いを具現化したようにも思えて仕方ない。

本館とはまるで異なり、正反対の設えのように感じる新館だが、これはこれで近所を通るオシャレ女子御用達のストリートとして名を馳せるプラチナ通りや、シロガネーゼと呼ばれている現在の白金台住人たちのキラキラしたイメージに程よく似合っている空間のようにも感じられる。新館には居心地の良いカフェやミュージアムショップも併設されているし、ついでに言えば同時に新設された正門近くのフレンチレストランで頂くランチも格別で、立ち寄ることをお勧めしたい。

振り返ってみると今から三〇年程前に完成した、フランス・パリ市にあるルーブル美術館にある、イオ・ミン・ペイ設計によるガラスのピラミッドは、その特異な姿によって当初は凄まじい非難を受けたが、今では美術館のシンボルのひとつとして世界中の人々から愛されている。これまで新館が非難にさらされたことはないものの、三〇年後、どのように評価されているのか気になるところでもある。ぜひ、皆さんも一度、現地へ足を運んだ上で将来を楽しみに待ち続けてほしい。

（家政学部被服学科／中島永晶）

第四部　庶民の娯楽とくらし

29 国立劇場（半蔵門駅／東京都千代田区）高コスパ、二千円で楽しめる江戸版実演アニメ娯楽

半蔵門にあるので、千代田校から徒歩一五分、多摩校からは一時間強です。歌舞伎の料金は学割で二千円。幕間にご飯を食べて、居眠りもして、四時間たっぷり楽しめるライブの娯楽です。チケットセンターに電話をして予約したら、学生証と弁当をもって出発。

国立劇場の歌舞伎は一つの物語をはじめから終わりまで「通し」で全部やるのが基本です。歴史上、長いあいだ上演されなくなった部分の復元・伝承という使命を、国立劇場が担っているからです。

江戸時代の歌舞伎は日の出から一〇時間もやっていたそうです。朝から劇場にいたわけですから、客は酒を飲み、居眠りもする。見得を切ったり、パンパンとつけを打つのは、客を起こして、メリハリをつけるためです。私たちも頑張って全部見ようとしないで適当に居眠りをしながら見るのがおすすめです。

歌舞伎のストーリーはとんでもないものばかりです。殿様のお供をしている公務中の家来が恋人と会っていて、そのすきに一大事が起こる。それでみんなが腹を切ることになる。ほとんどでダメな男が主人公になっています。「みんなお前のせいだ」的パターンが多いのです。でもこれが結構面白い。なぜかといわれても、答えに困りますが。人間の在り方を寛容に受け入れることができるようになる？

見るのに役立つヒントをいくつか。まず、いい者は白い顔、悪者は赤い顔と決まっていますが、悪者がどのくらい悪いやつなのかが見ものです。それから、その中間は滑稽役です。流行の言葉や商品を出して観客を笑わせます。当時は店や製品の宣伝の役割をしたのでしょう。最近だと、風呂上がりのシーンでタピオカを飲む趣向があり、観客が爆笑します。そして何より、女も男も、とにかくよく自害して、体に刀が刺さってからの語りが長い。ここで初めて本当のことが語られるのです。自害・腹切りは真実の世界へ入る合図なのです。もうひとつ、娘が髪を解いたときは正気を失っている。こうなったらもう止められません。自分の命をかけて突っ走ります。原因は男がしっかりしない

からなのですが。

能が高尚な舞台芸術だとすると、歌舞伎はアニメのようなものです。誇張あり、仕掛けあり、ＣＧや新技術あり。ストーリーはばかげているのですが、学生の柔軟な感性だからこそ受け止められる何かが、歌舞伎の世界に潜んでいるような気がします。

ここまで書いて、大切なことははじめに言えと叱られるかと思いますが、同劇場は二〇二三年一〇月末より建て替えになります（二〇二九年完了予定）。期間中もほかの場所で公演は続けられますが（新国立劇場、国立能楽堂など）、それならいっそのこと銀座の歌舞伎座に行くのもいいでしょう。観覧料は少し高くなりますが。せっかく東京で学生生活を送っているのですから、その利点を生かして、大いに文化活動をしてください。卒業してしまうと時間的制約で思うようにできなくなりますので。

（社会情報学部情報デザイン専攻／原田龍二）

30 古今東西、芝居の粋を集めた見世物小屋
早稲田大学坪内博士記念演劇博物館（早稲田駅／東京都新宿区）

演劇博物館は通称「演博（エンパク）」、正式名称を「早稲田大学坪内博士記念演劇博物館」と言い、早稲田大学早稲田キャンパスの一番奥まった場所にあります。

演博を目指すには、南門から構内に入ることをお勧めします。南門から一歩足を踏み入れると、左右に立ち並ぶ校舎と並木に挟まれた真正面の位置、狭く切り取られた奥の空間に、早稲田大学には不釣り合いと言っていい白く美しい建物のファサード中心部分が垣間見えます。あれは何？初めてここを訪れた人の誰もが驚くに違いありません。それほど演博の最初の印象は強烈です。

近づくにつれ全貌を現すその建物は、鮮やかな白地に焦げ茶色のラインが縦に強く引かれた、中心に高い塔を抱く三層の構造で、コの字型に張り出した左右両翼が意味ありげな佇まいを見せています。この両翼とファサードに囲まれた正面の四角い空間は舞台になっており、建物の窓からも外からも観劇することができるように作られているのです。博物館であると同時に劇場でもある、それが一九二八（昭和三）年創建時からのコンセプトでした。建物のモデ

ルはエリザベス一世時代のフォーチュン座（つまりシェイクスピアのグローブ座と同時代の劇場）であり、創立者の坪内逍遥自身がミニチュアの模型を製作して建設準備会に臨んだと言われています。坪内博士、沙翁全集四〇巻全訳だけではないのです。

古今東西の演劇関係の展示物の中で特に目を引くのは、伎楽面、能面をはじめとした、世界の仮面たちです。子どものいたずら書きのように素朴な朝鮮仮面、カラフルな中国安順の地戯仮面、インドネシアの美男美女仮面、一際華やかな飾りを聳え立たせるインド舞踏の仮面は奇怪な象や猿の顔。……「能面のように押し黙って」という表現がありますが、ここに並んだ仮面たちはガラスケースの中でひどく饒舌に見えます。かつて神々や人間を前に、舞い、歌い、朗々と台詞を述べた過去をそれぞれの仮面が持っているのです。彼らはガラスケースを隔てた我々にそれを語りたがっているのです。なかでもお岩さんの面は強烈です。血走った目玉がぎょろりと動き、それを被った者に祟りをなすとか。胸の高鳴りを押さえながらこの面をじっくり鑑賞した後は、できるだけ速やかに部屋を出たほうがいいかもしれません。ふと背後に気配を感じて振り向いた時、お岩さんがあなたをじっと見つめていたら……。

この学術的見世物小屋にすっかり魅せられてしまった慶應義塾大学出身の「怪人」荒俣宏はこう言っています。「どうか一〇年間『ノートルダムのせむし男』のカジモドのように、演博の塔の中に住まわせてはもらえまいか。毎夜演博の資料を眺めながら驚き続けたい。ここには真の文化史がある。」（『芸術新潮』一九九九年五月号）

（文学部コミュニケーション文化学科／大野真）

31 東京おもちゃ美術館（四谷三丁目駅・曙橋駅／東京都新宿区）

人生を豊かにする「おもちゃ」の魅力を再発見！

東京おもちゃ美術館は、ＮＰＯ法人芸術と遊び創造協会[*1]が運営する美術館です。二〇〇八（平成二〇）年に旧新宿区立四谷第四小学校の廃校跡地『四谷ひろば』内に移転オープン[*2]しました。

同校舎は一九三六（昭和一一）年竣工の歴史的建造物で、玄関や教室、廊下、体育館、校庭などが当時の面影を残したまま、地域活性化を目指す世代間交流拠点として活用されています。おもちゃ美術館は、校舎内Ａ館一～三階にある一一の教室に位置しており、展示室や体験コーナー、ミュージアムショップ、工房などで、鑑賞する、実際に遊ぶ、購入する、手作りするといった様々なおもちゃとのふれあいが可能です。また、館内には赤いエプロンのおもちゃ学芸員さん（ボランティアスタッフ）が在駐し、おもちゃの解説をしたり一緒に遊んだりしてくださいます。

展示されているおもちゃは、近年増加している電子制御を組み込んだハイテクおもちゃではなく、遊び方を工夫したり、壊れたら修理したりすることで、大切に長く楽しむことが可能なアナログおもちゃが中心です。〝むかしながら〟のものだけでなく、最新の材料や加工技術を反映した〝新しい〟アナログおもちゃも必見だといえるでしょう。また、同館の収蔵する世界中の珍しいおもちゃからは生活文化の多様性と共通性を感じることができます。運営元の主催するおもちゃ選定制度「グッド・トイ[*3]」受賞作品も多数取り揃えられおり、おもちゃの魅力＝奥深さと可能性を再発見することが可能です。

大学生になるとなんだか縁遠く感じられる「おもちゃ」ですが、実際にたくさんのおもちゃに囲まれると思わず手を伸ばしてしまう自分に気づくことでしょう。子どもの頃に遊んだ懐かしいおもちゃや、インテリアにもなりそうなおしゃれなおもちゃ、はじめて目にする世界のおもちゃなどにきっと夢中になってしまうはずです。また、インターネットに親しんでいる年代だからこそ、実際に「もの」に接することでいつもとは異なる感覚、感情を得られるという事実を改めて認識するきっかけにもなるでしょう。同行した友人や家族とのコミュニケーションにおもちゃがどのような影響を及ぼすのかについても、ぜひ意識してみてほしいと思います。

「おもちゃ」の魅力を再発見することは、人生をより豊かにすることにつながるはずです。大学生の今だからこそ、ぜひ改めて「おもちゃ」に触れる時間を作ってみてください。

＊1「日本グッド・トイ委員会」「芸術教育研究所」「高齢者アクティビティ開発センター」が二〇一七年に統合

＊2 前身は一九八四（昭和五九）年に中野区にて設立された芸術研究研究所付属施設「おもちゃ美術館」

＊3 おもちゃコンサルタントにより「よいおもちゃ」を選定する制度（グッド・トイ公式サイト［https://goodtoy.jp/］）

（家政学部ライフデザイン学科／林原泰子）

32 大妻女子大学博物館（半蔵門駅・市ヶ谷駅／東京都千代田区）

コタカが伝えた実学教育の成果
東京の都心、かつての文人町―千代田区三番町に立地―

近隣には桜の名所千鳥ヶ淵、靖国神社、靖国神社遊就館、科学技術館、東京国立近代美術館、同工芸館、昭和館、日本カメラ博物館、千秋文庫等の博物館がずらりと並んでいます。

当館は大妻学院が女子教育と大学の研究成果の発信と地域の方々への社会貢献の場として運営する「大妻女子大学博物館」です。ご来館の際は開館日を確認のうえおいでください。親切な学芸員たちが皆様をお持ちしています。

当館は大妻女子大学の校舎から一〇〇メートル西の大学図書館地下一階にあります。向かい側には関東大震災直後に建てられた九段小学校校舎が往時の美しいデザインそのままに一昨年再建されました。その隣には東郷元帥の旧宅を改装した東郷元帥記念公園があります。当館の界隈には明治以来多くの文人の住居がありました。永井荷風、国木田独歩、坪内逍遙、与謝野晶子、鉄幹、山田耕筰、滝廉太郎、武者小路実篤、泉鏡花らの住居です。かつて文人、門弟がこの地を拠点に執筆活動し、時には近所に住まう者同士が交流し、散策を楽しんだ文化の地でした。

大学図書館正面玄関から入ると大妻学院の創設者大妻コタカ、良馬夫妻の胸像が出迎えてくれます。地下一階全フロアが博物館で、長さ一〇メートルの天窓から日光が降り注ぐように設計されている明るい空間です。

入口付近には大妻コタカが晩年に暮らした居室を保存展示しています。昭和の香りを漂わせる慎ましやかな和室です。室内には愛用のテレビ、電話機、座り机、化粧台等の生活用具がそのままに、コタカ先生がそっと顔を出してくださるような雰囲気が漂います。今となっては希少な昭和の住宅です。建築工法の解説は谷口新教授（建築学）によるものです。ご関心のある方には閉館時でも事前にご連絡いただければ学芸員がご案内いたします。団体見学も受け付けています。

展示室はホワイトキューブさながらの大空間です。常設展（コタカ先生の居室展示を含む）、特別展、企画展が年間スケジュールに従って展示されるほか博物館関連の図書、日本中の博物館の展示カタログも備えています。

館内には学芸員の研究室がありますので、お気軽に声を掛けていただければ、展示の解説や学芸員の業務についても話を聞くことができます。

また当館は博物館学芸員課程を履修している学生を実習生として受入れています。時期によっては実習生がバックヤードで学芸業務に奮闘している場面に遭遇するかもしれません。

常設展では大妻コタカの居室のほかに、女子教育の成果としての裁縫、刺繍、瓶細工などの手仕事に関連した展示を、特別展や企画展では大学研究者の研究成果や当館の収蔵品を平易に解説した展示と解説、ミュージアムトーク等を行っています。

最近の例では人類史的な視点から生活技術を眺めた「東南アジア狩猟採集民の生活」や「世界と日本の履きもの展」「平安期の古文書展」等が好評でしたが、毎年工夫を凝らした展示をしており、近い将来にシルクロードの絨毯コレクション展なども予定しています。

大妻コタカが伝えた実学教育の成果を展示にしています

当館設立趣旨に「生活の知と美を展示を通じて伝えること」とあります。これは大妻コタカが裁縫技術という実学教育で伝えたかったことにも密接に関連します。裁縫や手芸の技術を身に着けることは単に手指の巧緻性の訓練だけでなく、教授者の教えを正確に理解し、制作物として美しく再現するための総合的な能力の涵養でもあります。それは数的な把握力、製作工程を段取りよく進めていく計画性、色彩や意匠についての美的な空間的把握力、集中して一つのことをやり遂げる気力や忍耐力を養成することでもありました。当館では卒業生、裁縫技術の熟達者が遺した数多くの作品を展示しています。

当館の資料には世界各地の手工芸品もあります。二〇世紀末まで実際に使用していた中国の細密な刺繍を施した履きもの等一〇〇余点の近藤四郎履きものコレクション、我が国最大規模のシルクロード絨毯資料（杉山徳太郎氏より寄贈）は民族学的に充実した資料です。またこれらはいずれも気の遠くなるような時間を費やした精密な「手仕事」により製作されたものです。

来館者の方々が生活における様々な身体技術と人間との関係を考える一助になれば幸いです。

（人間生活文化研究所／下田敦子）

33 柳宗悦が目指した美の営み―民藝運動―

日本民藝館（駒場東大前駅／東京都目黒区）

日本民藝館は井の頭線の「駒場東大前駅」を降りて徒歩数分の閑静な住宅地にあります。民藝という考え方を世に広めた柳宗悦とその仲間たちによって一九三六（昭和一一）年に建てられたプライベート美術館で、本館と西館からなります。本館では年間五回の特別展と併設展を開催しており、かつて柳宗悦が住んでいたのが西館です。

まず日本民藝館を訪れて印象に残るのが重厚な和風の建物です。白壁と瓦屋根はどこか天守閣のような印象を与えます。重い引き戸を開けると、中央の大きな階段が目に入り、上がり框で靴を脱ぎ、スリッパに履き替えて大谷石の床を進みます。常日頃親しんでいる美術館とは勝手がちがい戸惑いますが、空間の佇まいとその動作が調和していて印象的です。外国人の観覧者も多いのですが、入り口でのこの儀式に異空間を感じるかもしれません。

各部屋に展示作品が並んでいるのですが、展示ケースというよりは調度品といった方がしっくりくるケースの中に、陶器や漆器、染織品がすっきりと並んでいます。展示作品名を示すキャプションも赤い手書きの文字で、一つ一つの作品に込められた柳宗悦の思いが伝わってくるようです。作品の他にも休憩に座るベンチや花を生けた花卉なども、民藝館独特の空間を演出しています。各部屋の窓に障子があるのも普通の美術館とは違い、日本人のＤＮＡを刺激するノスタルジックな空間演出なのだといえます。

二階の大広間には大型作品が直接展示されているので、ケース越しでは味わえない作品のテクスチュアなどを感じることができます。

「民藝」という言葉は柳宗悦が生み出したもので、無名の職人たちが作り出す日常の生活道具のことを指し、これらは美術品に負けない美を備えていて、このような美が生活の中で活用されることを目指すのが「民藝運動」です。手仕事の美しさを知り、物質的な豊かさだけでないよりよい生活とは何かを追求したのが民藝運動です。

日本民藝館の建物、調度品、展示作品すべてが、かつてはほとんどの人が過ごしてきた丁寧な生活ぶりを体現しており、この美術館を訪れるたびに、自らの生活を振り返り、ゆったりとした時間の大切さを感じます。それこそが柳宗悦が目指した民藝運動なのだと思っています。

（家政学部ライフデザイン学科／須藤良子）

34 人形をテーマとした日本初の公立博物館

さいたま市岩槻人形博物館（岩槻駅／埼玉県さいたま市）

人形の生産地に設立

国内最大の人形の生産地であるさいたま市に、人形をテーマとした日本初の公立博物館として二〇二〇年二月開館したのが岩槻人形博物館だ。日本有数の人形産地であるさいたま市岩槻区は、近代人形産業の拠点として発展した。同館は岩槻に伝わる人形作りの技を紹介するだけではなく、日本文化の中に息づく人形の美と歴史を大観し、広く発信するミュージアムを目指している。

五〇〇〇点以上の人形とともに浮世絵、古文書をはじめとする関係資料を収集し、日本人の生活の中で日本人形が果たす役割を、より広い視野から理解できるよう工夫している。

所蔵品は、人形の各ジャンルのなかに、日本を代表する名品が、必ず一つ以上含まれている。常設展示だけでも日本の人形文化を一望できる水準である。

常設展の特徴

常設展は、展示室１「埼玉の人形作り」と展示室２「コ

レクション展示　日本の人形」の二つで構成される。

「展示室1」では、伝統的な技法を中心に日本の人形づくりを紹介する。岩槻近隣で作られた人形や文献などの資料をともに展示し、現代の職人の製作風景を映像で見ることができる。人形の生産地である岩槻ならではの展示室だといえるだろう。さらに製作道具や材料などが引き出しからあらわれる工夫など、より親しみをもった展示をめざしている。

「展示室2」は、日本画家で人形玩具研究家として知られる西澤笛畝（てきほ）、および浅原革世（かくよ）コレクションをはじめとする所蔵品を、季節やテーマ性を考慮して、展示替えを行いながら公開する。

例えば、「子供の成長を祝う　節句人形」のコーナーでは、江戸時代に生まれ、多様に展開した雛人形を中心に五人囃子や三人官女、雛道具を添えた雛段を常設し、雛祭りの雰囲気を常時伝えているが、季節にあわせて武者人形なども展示する。

さらに節句行事とともに多種多様に発展した御所人形・嵯峨人形・加茂人形をはじめ、人々の遊び心あふれた古典人形、伝統の技を現代によみがえらせた創作人形、人々の暮らしに根ざす郷土人形など、みどころも多い。

人形文化の継承と発展

伝統的な日本人形の作り方を「展示室1」で楽しく、わかりやすく学ぶことで、「展示室2」を鑑賞すると、人形そのものへのイメージが広がる。子どもの健やかな成長への願いと遊び心が溶け合って生まれた節句飾りや、さまざまな造形美を創りだした日本の人形文化の魅力を楽しむことができる。

人と人形の歴史を探り、未来へと人形文化を継承する博物館として、関連する幅広い資料の収集・保存、調査研究を行い、展覧会や教育普及活動など、季節性も考慮して展開する。多くの来館者が日本人形への親しみを持てる企画づくりに取り組む、スタッフの熱意があふれる新しい博物館である。

（教職総合支援センター／是澤博昭）

35 さいたま市大宮盆栽美術館（土呂駅・大宮公園駅／埼玉県さいたま市）

世界で初めての公立「盆栽美術館」

盆栽文化の普及

世界中に愛好者がいる盆栽は、日本生まれのユニークな芸術である。盆栽づくりはさいたま市の伝統産業にも指定されているが、その生産地として名高いさいたま市北区の盆栽村に近接して設けられたのが、盆栽美術館である。

生き物である盆栽を美術品として扱う世界でも珍しい美術館だ。盆栽の名品、優品をはじめ、盆栽用の植木鉢である盆器や、一般には水石と呼ばれる鑑賞石、盆栽が画面に登場する浮世絵などの絵画作品、それに、盆栽に関わる各種の歴史・民俗資料等を系統的に収集、公開する。盆栽文化をひろく内外に発信することを目指し、各種の講座、講演会などの普及事業にも力を入れている。

例えば、「さいたま国際盆栽アカデミー」は世界に広がるBONSAI文化の中心地として、国内外における盆栽文化の普及を目的に同館が主催する、盆栽専門の学習プログラムだ。盆栽に関する知識と技術を体系的に学び、盆栽に関心を持つ人や盆栽の普及に携わる人の人材育成の場となることを目指し、基礎を学ぶ「初級コース」から「中級コース」「上級コース」へとステップアップする、他館にはみられない講座だ。さらに世界各国の盆栽関連施設・機関との提携を積極的に進めている。

活動の三つの柱

美術館としての活動の柱は、次の三点である。

①盆栽と盆栽を取り巻く伝統技芸の歴史や意義を、美術史や工芸史、園芸文化史などの観点から調査・研究をする。

②さいたま市の新たな名所として、盆栽の素晴らしさ、面白さに触れる観光の拠点。

③盆栽村を中心とした市内各所の盆栽園を訪れ、その奥深さを味わうことで伝統産業としての盆栽業の理解を深める。

盆栽に関わる研究センター、さいたま市の新しい観光拠点、盆栽産業活性化の一助、この三つの役割が一体化した美術館であることを念頭に鑑賞してみよう。

展示の工夫

常設展であるコレクションギャラリーは、プロローグ、ギャラリー、座敷飾りの三つの空間から構成されている。プロローグは、盆栽文化への導入部であり、盆栽と深く関わりのある盆器、水石、絵画資料、そして歴史・民俗資料といった作品等を月替わりで展示する。ギャラリーと座敷飾りは盆栽の展示空間だ。

さらに盆栽庭園では週替わりで四〇～五〇点の盆栽を展示し、三六〇度すべての方向から見られる場所もある。立体物である盆栽の正面と背面の違いを鑑賞することができる。中央のあずまやと、本館二階の盆栽テラスからは、通常より高い視点から盆栽庭園を見ることができ、庭園の一部では写真撮影ができる。

週替わりの展示、外気をいれる設備、日のあたり方を調節するため回転式展示台など、生き物を美術品として展示する美術館ならではの工夫を来館者が発見することも楽しみの一つである。

（教職総合支援センター／是澤博昭）

36

台東区下町風俗資料館
（湯島駅・上野駅・上野広小路駅／東京都台東区）

大正の世界にタイムスリップ

大妻女子大学短期大学部国文科では、校外授業「文学・文化歴史踏査」を開講している。その「歴史踏査」を体験してみることとする。

上野公園の不忍池は三六〇度のパノラマ写真のよう。池の周りには、柳や桜が植えられ、花見の時には、千鳥ヶ淵と並ぶ、桜の名所として賑わう。池にある蓮の葉に載った露は、一〇センチ。池を泳ぐ鯉の動きに合わせて、露がくるくると回る様は、見ていて飽きない。蓮は花開く時、ポンと音を立てるという。蓮の花は、大きさが二〇～二五センチで、見事。濃い桜色が美しい。蓮の花の見ごろは夏。春の桜、夏の蓮、冬の水鳥と、一年を通して楽しむことができる。

台東区下町風俗資料館は、この不忍池のほとりにたたずんでいる。当館の前には、かつて全国で見かけた赤色の丸型郵便ポストを設置。実際に郵便物を投函することができる。平日は四回、土曜は三回、日曜は二回、上野郵便局の集荷がある。

当館は、下町の大切な記憶を次の世代に伝えるために、一九八〇（昭和五五）年に開館。入館すると、まず目に飛び込むのが、赤い六角形の「自動電話」。一階の展示室では、下町の暮らしとすまいを再現。花緒製造卸問屋の商家、駄菓子屋、銅壷屋（どうこや）が入った長屋が並ぶ。商家と長屋では、正月飾り、節分、初午の地口行灯、雛祭り、端午の節句、七夕、入谷の朝顔市、ほおずき市など、その季節に応じた飾りつけがされる。下町の年中行事も体感できる。この一階では、五感を働かせてほしい。耳をすませると、柱時計がチクタクチクタクと時を刻んでいるのが聞こえる。また、日めくりの暦も、毎日、めくられていく。そのまま、レトロな大正の時代にタイムスリップした感覚を味わうことができる。

現在では、「焼芋屋」の物売りの声くらいしか聴かれなくなった。当館の一階から二階へと階段を登る途中、「売り声」が聞こえる。この「売り声」がまた楽しい。「なっと、なっとぉーなっとぉ　豆やぁーみそ豆ぇー」の納豆売り、「あさがおーの苗やぁー夕顔のー苗　へちまーとぉーがぁん、しろうりのー苗」の苗売りの声をぜひ、体感してほしい。

二階展示室では、地域の暮らしの資料を展示。二階のベンチに座ると、不忍池を一望できる。当館は年間パスポート（六〇〇円）を購入すれば、いつでも好きな時に上野の散策を兼ねて訪れることができる。なお、当館はリニューアル工事の予定がある。詳しくは、ホームページで確認を。

当館に寄った帰りには、不忍池弁天堂や清水観音堂にも足を運んでほしい。散策のあとは、あんみつ「みはし」へ。寒天とこし餡の、弾力さと、まろやかさがマッチした「フルーツクリームあんみつ」が一番人気。

（短期大学部国文科／榎本千賀）

第五部　古代から現代の歴史資料との出会い

37 国立歴史民俗博物館（京成佐倉駅／千葉県佐倉市）

歴史を知ることで今がわかる博物館

千葉県の佐倉市にある国立歴史民俗博物館は、日本列島の歴史と文化全般について、全時代にわたって展示している国内唯一の博物館です。土の中に残されたものを手がかりに過去の生活を探る考古学、昔の人びとが書き残した文書資料を中心に研究する歴史学（文献史学）、生活の中から生まれ伝えられてきた文化を研究する民俗学の三つの学問分野にまたがって展示が行われています。「歴博（れきはく）」の愛称で親しまれていますので、ここでも「歴博」と表記します。

歴博が総合展示と呼ぶ常設の展示には、第一展示室から第六展示室まで六つの展示室があります。この総合展示の特徴の一つは、ジオラマや模型、複製品、映像など多様な展示手法が活用されていることです。

博物館なのに模型や複製ばかり展示されているなんて、意外かもしれません。しかし、精緻なジオラマや模型、複製を作ることができるということは、その対象について詳細な調査・研究がなされているということです。

例えば第四展示室には、宮城県気仙沼市の小々汐（こごしお）という地域で、数百年にわたってイワシ網漁の網元として栄えてきた尾形家の住宅が復元されています。一八一〇年に建てられて以来、政治や経済、信仰などの面で地域の中心を担ってきた旧家の歴史と風格が体感できる展示です。

実際の尾形家住宅は二〇一一年三月一一日の東日本大震災の津波で流され倒壊してしまいました。しかし、歴博では震災から二年後の二〇一三年に尾形家住宅の再現展示を完成させました。すでに失われてしまった家屋や民具を復元できたのは、展示の土台となる調査・研究の成果が厚く積み重ねられてきたからこそです。

また、具体的なテーマに基づき、それぞれの時代に、日本列島に普通に生きていた人々の生活文化について展示をしていることも大きな特徴です。人々の生活史に重点を置いて展示を構成しているので、聖徳太子や徳川家康など、誰もが知っている歴史上の人物の偉業などが扱われることはありません。

第二展示室ではテーマとして、一揆が取り上げられています。一揆とは志や目的を同じくする人々が団結することです。ここに展示されている資料の一つが、「阿弖川荘百姓等仮名書言上状（あてがわのしょうひゃくしょうとうかながきごんじょうじょう）」です。農民たちが漢字交じりのカタカナで、地頭のひどい行いを切々と訴えたこの文書（もんじょ）からは、地域で集団を作り連携を強め、権力者に抵抗しようとする庶民の営みがうかがえます。

歴博の展示は、教科書のような通史的な内容ではありません。膨大な調査・研究成果をもとに、人々が当たり前に暮らしてきた痕跡をたどり、今に至る道筋を示そうとする展示です。過去の歴史や文化を知ることは、現在の私たちがおかれている立ち位置を理解することにもつながります。

広くて情報量が多いので、無理して一日で見ようとせず、まずは自分の興味のある時代やテーマからじっくり展示と向き合ってみてください。今の私たちの社会や生活に通じる新しい発見があるはずです。

（大妻女子大学博物館／髙塚明恵）

38 池袋サンシャインシティの小さな博物館

古代オリエント博物館（池袋駅／東京都豊島区）

池袋サンシャインシティの中にある、西アジアやエジプト地域の古代文明に関する博物館である。東京メトロ有楽町線の東池袋駅から地下通路で直結していて便利だ。

この美術館の常設展は「コレクション展」と呼ばれており、その展示物の大多数は撮影可能である。（ただしホームページ掲載の撮影時のマナーやルールは守ってほしい。）

古代文明にまつわる多様な展示物の内、ここでは文字の歴史に関わる展示を紹介する。

文字の発達には一定の傾向がある。古代文字のほとんどは絵文字から発達した象形文字として生まれている。言語の意味と発音を視覚化したものが文字だが、人間はまず「意味」を文字化したのだ。

慣習化につれ象形文字は表意文字（イデオグラム）へ進化し、絵から概念を表すようになる。ユール・ジョージの『現代言語学20章』からわかりやすい例をひくと、「太陽」を表す表意文字は、やがて太陽だけでなく「熱」や「昼間」も表せるようになる。そして太陽という「指示物」というより、その言語の「語」としての太陽をも意味する記号になると、それは表語文字（ロゴグラム）とみなされるようになる。

表語文字がさらに発達すると、意味は違うが、発音がたまたま同じ単語（同音異義語）も、同じ文字で表せるようになり、表音文字（フォノグラム）としても機能するようになる。

つまり、ここにきて文字は言語の「意味」だけでなく「音」も表せるようになったことになる。表音化が進むとその文字は音専用となり、その意味機能は希薄となっていくことが多い。

世界最古の文字は紀元前三二〇〇年頃のメソポタミアで使われていた楔形文字だ。『世界の文字の歴史文化図鑑』によると、初期はシュメール語の表語文字で物品の種類を表す絵文字だったが、後に抽象化が進む。

シュメール時代の楔形文字は表語文字としての性格がより強かったが、後にセム系の人々がアッカド語の表示に同じ楔形文字を使うようになると、音節を表す表音文字としての使用が主流となり、表語文字としての使用は補助的になっていったという。

古代オリエント博物館には多くの楔形文字が刻まれた粘土板が展示されている。複製だが紀元前一八世紀の巨大なハンムラビ法典碑にびっしりと刻まれた楔形文字も鑑賞できる。また古代エジプトの文字であるヒエログリフの展示もある。ヒエログリフもまた象形文字から表意文字、表音文字などの機能を獲得していった文字だ。

文字の発明により、人間は記憶を脳の外部に記録することができるようになっただけでなく、後世に伝えることもできるようになった。大都会の真ん中にあるひっそりとした博物館で古代文字の世界に浸るのも、たまにはよいものである。

なお、ここで紹介したコレクション展の展示物は、特別展開催時は見ることができないので、訪問時はホームページ等を事前にチェックしてほしい。

（文学部コミュニケーション文化学科／守田美子）

39 豊かな緑に包まれた多摩市が誇る博物館

パルテノン多摩ミュージアム（多摩センター駅／東京都多摩市）

多摩センター駅から伸びる道をまっすぐに進むと丘の上にギリシャの神殿のような建物が現れる。多摩市が誇る複合文化施設のパルテノン多摩である。ここには、コンサート・オペラ・バレエ・演劇と多目的に利用できる大ホールや小ホールをはじめ、ミュージアム、オープンスタジオ、市民ギャラリーなどがある。

多摩ニュータウンは、東京都町田市・稲城市・多摩市・八王子市にまたがる多摩丘陵に計画・開発された日本最大規模のニュータウンであり、小田急線と京王線が新宿から多摩センター駅に乗り入れているほか、多摩モノレールによって多摩センター駅と立川駅が結ばれており、ＪＲ中央線も利用され、都心から三〇分～一時間程度の通勤・通学に適した距離にある。多摩ニュータウンには、東京都立大学をはじめ、中央大学、帝京大学、国士舘大学、明星大学、多摩大学、東京薬科大学、多摩美術大学、駒沢女子大学、駒沢女子短期大学、恵泉女学園大学など大学・研究機関が多数あり、大妻女子大学多摩キャンパスも小田急線唐木田駅徒歩五分の好立地にある。

一九七一（昭和四六）年から多摩ニュータウンの諏訪・永山地区の入居が始まり、瞬く間に一大ニュータウンが形成された。この時期に移住をした住民は主に都心に通勤していたが、その住民も定年を迎え、現在は通勤ラッシュから遠のいている。東京都都市整備局による「多摩ニュータウンの世帯数と人口について」の資料によれば、世帯数は約一〇万世帯で、人口は約二二万四千人、老年人口は約五万五千人、高齢化率は約二四・四％となっており、東京都平均の高齢化率約二二・六％よりも若干高い。多摩市の高齢化率は、三〇・四％とさらに高くなっている。これらの住民の多くは都心に通う者だったので、地元での繋がりが弱いと言われている。その地元での繋がりを強くする役割をパルテノン多摩は担ってきた。

パルテノン多摩は一九八七（昭和六二）年の開館から多摩市の文化の拠点施設として、また多摩市の「シンボル」施設として存在してきたが、施設・設備の老朽化が顕著になったため、大規模改修工事が行われた。公共ホールと博物館機能を持つ新しい時代の複合文化施設として、この先も文化芸術の振興や多摩センター地域の活性化に寄与するとともに、多くの市民が集い、文化芸術を通した出会いや交流が生まれる「場」となるよう改修工事が行われ、地域活性化の文化拠点として二〇二二年七月にリニューアル・オープンした。

今回ご紹介するミュージアムも約二年間の閉館を経て、新たなコンセプト「地域まるごと博物館」を掲げた。多摩市立ふるさと資料館、東京都埋蔵文化財センター、市内企業のミュージアムと連携して「多摩市をまるごと『知る』ことを楽しめる『博物館』」を構成する。パルテノン多摩ミュージアムはその「入口」を担う施設となった。

ミュージアムは、パルテノン多摩の大ホールの横にあり、多摩市や多摩ニュータウンの歴史・文化・自然にかんする展示を行なっており、誰でも無料で利用できる。常設展示は「多摩・発見コーナー」で、ここには「大地のかたちを見る・くらべる～地質と地形～」「多摩川と谷戸～都市近郊農村としての歴史とくらし～」「多摩ニュータウン開発による環境とくらしの変化」の三つのテーマがあり、今の多摩市ができるまでの歴史や背景を謎解きの形で知ることができる。

多摩市の郷土博物館機能を有する施設として地域文化の向上に貢献するために、地域文化の掘り起こしに努め、研究成果を社会に発信していくとともに、地域の人々が地域を知り学んでいく際の拠点となることを目指している。展示事業では、年間一回の特別展、年間三回の企画展等を開催。学習支援プログラムでは、歴史・民俗・自然等の分野の各種講座を開催、市民協働プログラムでは各種市民ボランティアの活動、研究成果発信事業では、紀要・資料叢書等出版物の発行、参加体験事業では、おもに子ども向けの体験プログラムなどを実施している。

大改修が終了し、改修された施設では、市民学芸員による展示や小さなワークショップ用のスペースがある。閉鎖されていた期間にも従前通りに地域の様々な情報が収集されており、これから順次、展示されるので、来訪者は多摩市の知識を深めることができる。

改修前から行なっている「博物館がやって来る！」は現在も継続して行われており、「出前授業」「出張展示」「教材貸出」などを学校で利用することができる。ボランティア活動は多摩市域に残るくらしの風習を自分たちで調べ、記録に残す活動の「多摩くらしの調査団」をはじめ「古文書解読ボランティア」「植物標本整理ボランティア」などがある。

大妻女子大学多摩キャンパスで行われる全学共通科目のキャリア系授業「キャリア・ディベロップメント・プログラム（ＣＤＰ）」に過去何年にもわたり、ご協力いただいている。

（人間関係学部人間関係学科社会学専攻／齊藤豊）

40 神奈川県立歴史博物館
（馬車道駅・関内駅・桜木町駅／神奈川県横浜市）

開港・開国の衝撃を実感できる博物館

神奈川県立歴史博物館（以下、県博と略）は、自然科学系・人文科学系の総合博物館であった神奈川県立博物館（一九六七年開館）の人文系部門を母体として、一九九五年に開館しました。以後、神奈川県の歴史と文化を通史的・総合的に扱う唯一の博物館として活動しています。

県博の建物は、旧横浜正金銀行の本店として一九〇四年に建てられた旧館部分と、神奈川県立博物館開館時に増築された新館部分から構成されます。旧館部分の外観は建築当初の姿が残っており、一九六九年には国の重要文化財に、一九九五年には国の史跡に指定されています。

常設展示は、①さがみの古代に生きた人びと、②都市鎌倉と中世びと、③近世の街道と庶民文化、④横浜開港と近代化、⑤現代の神奈川と伝統文化、のテーマから構成されています。県博の常設展示は、館蔵資料に加えて、重要資料の複製品や模型、ジオラマが多く配置されており、神奈川県域の歴史を通史として理解できるよう構成されています。今回は特に、神奈川県域だけでなく日本の歴史の中でも大きな意味を持つ、④横浜開港と近代化について紹介します。

展示室の入口では、全長三・八メートルの「青銅八〇ポンド陸用カノン砲」（複製。原品・靖国神社遊就館所蔵）が圧倒的な迫力で出迎えます。これは、八〇ポンド（約三六キログラム）の砲弾を発射できる大砲で、江戸幕府が江戸湾防備のために品川台場に設置したものです。この大砲を備えるきっかけとなった人物が、アメリカ東インド艦隊司令長官のペリーです。大砲横の壁面には、想像上のペリー肖像画が四種類掲示されています。大きく誇張されたその姿からは、日本人の未知なる外国人に対する恐れがうかがえます。

ペリーは黒船四隻（蒸気船サスケハナ・ミシシッピ、帆船サラトガ・プリマス）を率いて日本に来航しました。展示室中央には、その黒船の五〇分の一縮尺模型が並んでいます。黒く塗られた船体、多数の大砲、そして蒸気船の外輪構造などが確認でき、アメリカの造船技術の高さが見てとれます。

一八五八年、江戸幕府と諸外国との間で通商条約が結ばれて横浜が開港すると、横浜に外国人居留地が設定されます。展示室には、一八八〇年代の横浜居留地の模型（一一〇分の一縮尺）が展示されており、本格的な西洋建造物が次々に建てられていった当時の風景が再現されています。居留地では、キリスト教の布教や、新聞の発行、ミッションスクール設立などが行われ、文明開化の拠点となりました。ここから、西洋文明は日本全国へと広がっていくこととなります。

今回紹介した展示では、横浜・神奈川という地域が、開港・開国という日本史上の重大事件の衝撃を最前線で受け止め、そしてそれをきっかけとして、横浜・神奈川が大きく変化しつつ発展していったことが、さまざまな資料からわかりやすく解説されています。一度観覧をおすすめしたい博物館です。

（大妻女子大学博物館／青木俊郎）

41 近代日本経済社会の基礎を築いた渋沢栄一をたどる

渋沢史料館（王子駅／東京都北区）

知り・学び・考える拠点

日本の近代経済社会の礎を築いた渋沢栄一は、攘夷の志士から幕臣、そして明治政府の役人になるなど、幕末から明治の激動の時代を数奇な運命をたどりながら生き抜いた人物だ。日本に欧米風の財界をつくるために力を尽くし、近代日本のあらゆる産業をおこしたといっていいほどの活躍をした。また利益と道徳が両立する経営精神を説き、文化を支援し、障害者や貧しい子どもの施設を助け、女子教育を支援し、国際交流にも尽力した。

その渋沢栄一を知り、学び、考える拠点として設立された登録博物館が渋沢史料館だ。一九八二年開館、一九九八年三月に本館を増設し、二〇二〇年リニューアルオープンした。

二棟の重要文化財

かつて栄一が住んでいた旧渋沢邸跡地に建ち、その生涯と事績に関する資料を収蔵・展示、関連イベントなども随時開催し、旧渋沢庭園に残る大正期の二棟の建築「晩香（ばんこう）廬（ろ）」「青淵文庫（せいえんぶんこ）」（いずれも国指定重要文化財）の内部公開も行う。

晩香廬は、渋沢栄一の喜寿を祝って建てられた洋風茶室だ。内外の賓客を迎えるレセプション・ルームとして使用された。一九一七年の竣工で、丈夫な栗材を用いて丹念に作られ、暖炉・薪入れ・火鉢などの調度品、机・椅子などの家具にも、設計者の細やかな心遣いが見られる。

青淵文庫は、渋沢栄一の八〇歳と、男爵から子爵に昇格した祝いを兼ねて寄贈された、煉瓦および鉄筋コンクリート造の建物だ。一九二五年の竣工で、栄一の書庫として、また接客の場としても使用された。

親しみのある展示

リニューアルした常設展示では「ふれる」「たどる」「知る」の三つのテーマから構成され、渋沢の生涯や取り組んだ課題などをとおして、自分なりに考えるきっかけとなる、わかりやすく、親しみのある展示をめざしている。

「ふれる」は、渋沢がかつて暮らした邸宅で、その人柄にふれ、映像や回想、関連資料から在りし日の姿を見ることができる。さらに渋沢栄一の活動の根底にある思想にふれるための自筆の資料のほか、渋沢の演説や講演会などで語った数々の言葉が展示室内に投影される。「たどる」では、年齢ごとの展示ユニットで渋沢栄一の九一年の生涯を一望することで、日本の近代に触れることができるだろう。「知る」は、渋沢栄一が携わったさまざまな事業や活動、そして多くの人々との交流を紹介する。

さらに渋沢の暮らした飛鳥山邸の変遷を楽しみながらパノラマの景色をみる「リフレッシュコーナー」、デジタル画像で飛鳥山邸を体験する「渋沢栄一さんぽ」、関連図書を自由に読むことができる「青淵商店」など、渋沢栄一の思想・人間性の理解を深める工夫がある。

社会に貢献する経営者として力を尽くした、渋沢の人生をたどり、知り、触れながら、来館者が渋沢栄一の真の姿を問い続けることで、世の中のあるべき姿を考える空間が生みだされる、そのような博物館である。

（教職総合支援センター／是澤博昭）

42 日本経済の歴史を知る貨幣の一大コレクション

日本銀行金融研究所貨幣博物館
（三越前駅・東京駅・日本橋駅／東京都中央区）

貨幣博物館は、日本銀行金融研究所二階に開設されており、日本や中国などの歴史的貨幣や資料を多く収蔵し、無料で公開しています。この日本銀行の貨幣博物館と東京大学経済学部資料室の古貨幣・古札コレクションが日本の二大貨幣コレクションと言われています。貨幣博物館は単に古い貨幣などを展示しているだけでなく、日本のさまざまな時代の貨幣に関する丹念な説明が付されており、「経済や金融は少し苦手だ」という初学者でもとても参考になる博物館です。

展示は、日本で最初に貨幣が造られた七世紀に銀銭に取って代わって鋳造された富本銭や和同開珎などが展示される古代のコーナー、その後銅の採掘が減少するとともに劣化していく銅銭の数々、一二世紀から一六世紀にかけて中国の貨幣が大量に流入した中世のコーナー、再び日本での鋳造が始まった戦国時代末期から通貨制度が次第に整備されていく江戸期までの近世のコーナーが続き、幕府以外発行の金、銀、銅貨以外のさまざまな紙幣も展示されています。そして、西欧流の通貨・銀行制度が導入され、帝国経済圏がアジア植民地などに拡大した際の地域ごとの通貨など、近現代の通貨金融史を概観するコーナーがあります。ここの展示では、貨幣の歴史だけでなく、日本経済の歴史を追っていく丹念な解説も付されています。ざっと眺めても一時間は優にかかる豊富な内容になっています。

展示物を少し紹介します。日本書紀には六八三年に銀銭の流通を禁止し、銅銭を用いることを命じたとの記述がありますが、古代コーナーには奈良県で出土した無文銀銭と富本銭（銅銭）が展示されています。両者の質感の違いからは、中国の唐にならって中央集権国家を建設していた七世紀の日本の意気込みが伝わってきます。和同開珎や万年通宝など大量に発掘される八世紀の銭貨や木簡からは、平城京の市でさまざまな品物が取引されていた様子が窺えます。

九世紀以降、銅の国内での産出が減少し、展示される銭貨は新たなものが鋳造されるたびに小さくなったことを示しています。一一世紀以降、国内での新規の貨幣鋳造は中断します。しかし、このことは商品経済がそのまま衰退したというわけでなく、一二世紀になると日宋貿易によって渡来銭の大量流入が始まります。中世のコーナーには、皇宋通宝など北宋で鋳造され、国内でも市や、問丸、土倉と呼ばれた金融業者によって盛んに利用されたさまざまな渡来銭が展示されています。商品取引が盛んになる一五世紀には宋銭、明銭が不足したため、国内では粗悪なコピー（私鋳銭）が出回るようになります。展示されている私鋳銭は、品質が悪いため著しく劣化が進んでいますが、それは粗悪品であっても大量の銭が必要になるほど、商品取引が着実に増加していたことを示しています。

そして、戦国大名たちが軍資金のために盛んに鉱山開発に取り組んだことから、一六世紀以降は、日本の金、銀、銅の採掘量が飛躍的に増加し、貨幣の鋳造も盛んになります。近世のコーナーには 戦国大名が奪い合った石見銀山の銀で作られた石州銀をはじめ、大名たちがつくった銀貨、金貨が展示されています。この銀は重要な輸出品でもあり、東アジア貿易全体の拡大に日本の銀が寄与しました。当時の世界産出量の三分の一を占めた石見銀山の遺跡は世界遺産にも登録されています。

金貨、銀貨には必要な分量だけ使う塊状のものもありましたが、天下統一が近づくと、豊臣秀吉、徳川家康の時代に通貨制度が整備されます。小判、銀貨、銅銭など額面が明記された貨幣が大量に発行されるようになり、それらが時代を追って展示されています。また、大坂、京、江戸の三都などで活躍した両替商の両替、手形発行、送金業務の紹介展示も充実しており、近世日本の商業、金融のめざましい発達を実感することができます。

近代のコーナーは、幕末開港の際に発行された貨幣や、財政難の藩が発行した藩札、さらに維新直後の政府が財政補塡のために発行した太政官札などが展示され、幕末から明治初期の混乱した通貨制度が紹介されています。そして、両から円への切り換えが進められ、多くの民間銀行が発行していた紙幣が日本銀行券に統一されていく過程がさまざまな通貨の展示によって示されています。

貨幣の歴史は、経済史や金融史の教科書の説明では複雑すぎて、整理しにくい部分がありますが、現物の展示に加えて、丁寧で充実した解説が理解を助けてくれます。館内には携帯を使った音声解説もあります。

また、貨幣博物館のある日本橋周辺には、近世から近現代の経済発展をしのばせる施設が並んでいます。貨幣博物館の向かいの日本銀行旧本店は、辰野金吾の設計によって一八九六年に完成したもので、威厳のある姿を見せています。その隣には、かつて日本最大の企業群を抱えた三井財閥の旧本社ビル、三井本館があります。三井本社は戦後の財閥解体の時点で日本の総払込資本金の一割近くに達する数々の企業を統括していました。こちらは一九二九年に竣工した壮麗な建物で、その巨大な建物の日本橋中央通り側には三井美術館の入り口もあります。同館には三井家が蒐集した日本・東洋の美術・工芸品が収蔵され、国宝・重要文化財などが展示されています。中央通りは、江戸時代からの商人のまちで、創業二〇〇年以上の老舗が何軒も並んでいます。貨幣博物館から中央通りとは反対側に進み、日本橋川を渡ると、渋沢栄一の銅像がある常盤橋公園があります。公園というより小さな広場ですが、ここからは東日本大震災の被災から近年修復された常磐橋も見られ、明治期の高度な土木技術を今日に伝えています。徒歩数分の範囲内で、江戸から東京に急速に変化する近代日本の姿を見ることができる地区です。

（社会情報学部社会生活情報学専攻／山崎志郎）

43 海外移住資料館

（馬車道駅・みなとみらい駅・関内駅・桜木町駅／神奈川県横浜市）

移住の歴史から多文化共生を考える

近年、日本も多文化共生時代が到来し、多くの外国人がビジネス、留学、研究など様々な目的で私たちと生活を共にするようになりました。二〇一九年四月の改正入管法では、新たな在留資格として特定技能が設けられ、外国人を正式な労働者として受け入れる方向へ動き出しています。しかしながら、制度的にも社会的にも十分に受け入れ態勢が整っているとは言えず、いまだ多くの問題を抱えていることは皆さんご存じの通りです。

ところで、皆さんは一五〇年以上前から多くの日本人が出稼ぎや開拓、農園での労働者として外国へ渡っていたことを知っていますか。半世紀前まで、日本は今とは反対に、移民の送り出し国でもあったのです。その歴史に触れることのできる場所が、海外移住資料館です。

海外移住資料館は、ＪＩＣＡ横浜内の二階にあります。二〇二二年四月にリニューアル・オープンし、より魅力的でわかりやすい展示が楽しめるようになりました。この資料館は、海外移住の起点となった北米（ハワイを含む）と、中南米の国々への日本人移住の歴史と日系人の暮らしなどを紹介するために二〇〇二年に開館しました。ＪＩＣＡ（独立行政法人国際協力機構）の施設内にある理由は、ＪＩＣＡの前身組織の一つが中南米の国々への移住事業を担っていたことに関係しています。

展示の内容は大きく三つに分けられています。ここでしか見ることのできない貴重なインタビューなどの映像、写真、音声、図表、ポスター、移住者の携行品の実物やレプリカなど種類も多岐にわたり、「見て触って考えて」というコンセプトのもと、大人から子どもまで楽しめる展示が目白押しです。以下、それぞれの展示の内容や特徴をご紹介します。

海外移住の歴史

日本における海外移住の歴史を五つの時代に分け、年表、文献史料、写真で各時代の重要な出来事を理解することができます。見どころは都道府県別の海外移住者数を表した立体地図です。移住者の出身地の「地域性」や、特定の県からの移住者が多かったことが直感的に把握でき、「なぜだろう」という疑問が自然にたくさん浮かんできます。その謎解きは、館内にちりばめられたインタビュー映像や資料から、皆さんそれぞれに楽しんで挑戦してみてください。ブラジル移住地の開拓風景が再現された展示もあり、トリックアートで自ら巨木を切り倒しているような写真も撮ることができますよ。

われら新世界に参加す

移住者たちは移住先で農業、商業などあらゆる職業分野で社会づくりに貢献しました。ここでは、巨大な三面スクリーンによる大迫力の映像と音楽で、南米パラグアイに移住した移民の物語を鑑賞することができます。その他、「花嫁たちの海外移住―写真花嫁・戦争花嫁たち」「リドレス運動（第二次世界大戦中の「日系人強制立退き・収容政策」によって被った損害に対して、日系アメリカ人が合衆国政府に修正・補償・名誉回復を求めた運動）」「ララ物資（敗戦国日本へ海外から送られた救援物資、日系人からの支援も多く含まれる）」といった展示も見応えがあります。移住先での生活空間が体験できる展示として、みそやしょうゆ、豆腐や和菓子など日本からの輸入品を扱う雑貨店の様子などが再現されたコーナーもあります。写真撮影もできるので、当時の社会に紛れ込んだかのような一枚を記念に撮ってみてはいかがでしょうか。

日系人・日系社会の変遷をたどる・日系人・日系社会の現在

ここでは、ブラジルを例に移住者を取り巻く環境の変化や、多様化する日系人・日系社会について、国内外で活躍する日系人のインタビューを交えて理解できる展示になっています。日本国内の外国人関連法制度や「差別と偏見」についても取り上げられており、現在私たちが直面している日本における多文化共生の問題について考えるきっかけとなるでしょう。

その他、全体の展示に関して、まだまだ注目すべき点があります。ＳＤＧｓマークがついているコーナーでは、日本人の海外移住とＳＤＧｓの関連性を学ぶことができます。また、今回のリニューアルで、ユニバーサルミュージアムの実現が目指されました。点字ブロックが展示室内に設置されていますが、これは日本初の試みです。点字解説に加えて音声ガイド（一般版とジュニア版）も導入され、こちらはホームページからも楽しむことができます。いつでもどこでも誰でも、この資料館の展示や解説に触れることができるので、学びを自発的に深めていくことができますね。オンライン講演会も行われており、日系社会への理解を深める貴重な機会となっています。ホームページにはこれらの情報だけでなく、様々なデータベースにもアクセスできますので、ぜひチェックしてみてください。

ＪＩＣＡ横浜の建物内には、移住資料館以外にも見所が満載です。一、二階には国際協力や日系社会、ＳＤＧｓについて学べる展示スペースが設けられており、二階にはライブラリーも整備されています。蔵書は国際協力関係資料が約一万冊、海外移住関係資料が約二万冊そろっており、ＪＩＣＡ発行の報告書も多数閲覧することができますので、様々な角度から興味・関心を深めることが可能です。三階には手ごろな値段で世界各国の料理や飲み物が楽しめるポートテラスカフェがあり、赤レンガ倉庫やベイブリッジなど横浜らしい景色を堪能できるテラス席も人気です。日系ブラジル人アーティストのアート作品が飾られた店内は明るく開放的で、そこで食を通じて世界と触れ合う体験も、忘れがたいものになるはずです。

多文化共生社会を迎えた日本、互いの文化を理解し、尊重し、あらゆる困難に立ち向かいながら発展してきた先人たちの足跡に触れることは、現在日本で私たちの身近にいる外国の方々への認識を新たにすることにつながります。多様性を認め合う社会の実現に向けて、ぜひこの資料館へ足を運んでいただければと思います。

（文学部コミュニケーション文化学科／関本紀子）

44 国立公文書館（竹橋駅／東京都千代田区）
デジタル化で身近になった〝公文書〟

図書館や美術館に比べると身近とはいえない「公文書館」だが、この施設は、非常に重要な使命を帯びている。

公文書とは、国や公的な団体の活動や歴史的な事実を記録するものである。図書や美術作品と異なり、単体で鑑賞される目的のものではない。そのため、ひとつひとつが閲覧される頻度はとても低いが、それは問題ではない。公文書は保存され、アクセス可能性が担保されていることが重要なのである。

日本の法律ではその扱いが以下のように定められている。

「国及び独立行政法人等の諸活動や歴史的事実の記録である公文書等が、健全な民主主義の根幹を支える国民共有の知的資源として、主権者である国民が主体的に利用し得るものであることにかんがみ、（中略）、国及び独立行政法人等の有するその諸活動を現在及び将来の国民に説明する責務が全うされるようにすることを目的とする」（平成二十一年法律第六十六号　公文書等の管理に関する法律）。

国民は、国や公的な団体がどのような決定をしたか、自分の意思で知ることができるべきである、そのために公文書を保存する――。そういった観点で法と制度が整備され、公文書館が運営されているのである。

国などのふるまいに対し、「実際にはどうだったのか」と疑問に思ったとき、「証拠はあるのか」と問いただしたいとき、私たちは公文書館を訪れ、たとえば特定の会議の議事録の写しを入手することができる。そうした機会は、実際には一生なくてもよい。閲覧可能性を保証されていることが重要なのである。インターネット上を主な舞台としたフェイク情報の拡散が社会問題になっている現在、ファクトチェックのソースとしても新たな使命を帯びているといえよう。

公文書を英語でアーカイブという。この語は近年、デジタル・アーカイブという熟語として注目を集めている。資料をデジタル化しネットワーク経由でアクセスするしくみを整えることにより、保存や提供の利便を大幅に広げることが可能になったためである。国立公文書館でもデジタル・アーカイブを提供している。

国立公文書館のすべての資料がデジタル化されるには至っていないが、相当量の貴重な公文書を、ＰＣやスマートフォンを経由して、誰でも簡単に閲覧することが可能になった。情報学分野の学生は日々の授業等で統計データのオープンアクセス化の恩恵にあずかっているが、公文書のデジタル化もそれにまさるとも劣らない社会的重要性を持っている。国立公文書館に赴いて写しを請求するには書面の提出や少額の手数料がかかるが、デジタル・アーカイブにはそれすら必要ない。学生にとってなじみの少ないたぐいのデータではあるが、一度アクセスして資料を閲覧すれば、公文書の何たるかを実感できるだろう。

（社会情報学部社会生活情報学専攻／松本早野香）

45 人と人をつないできた郵便と通信

郵政博物館（押上駅・東京スカイツリー駅／東京都墨田区）

個人と個人が通信する手段は長らく手紙にかぎられており、その後、電話が普及した。その後、個人における電話の役割の多くはスマートフォンによるインターネット系通信に置き換えられつつある。そのような時代にあっては新しい通信技術にばかり目が行きがちであるが、電話・手紙というメディアに対する理解は現代の通信を理解する上でも実は重要である。

通信の成立には、技術のみならず、物流や社会制度の整備が不可欠である。そして何より人々の「遠くの人と話をしたい」「人とのつながりを保っていたい」「おしゃべりをしたい」という思いがなければ存在しなかった。

インターネット利用者の主要な目的のひとつは個人対個人のコミュニケーションである。多くの学生にとってのSNSもそうであろう。郵政博物館を訪れたなら、それが手紙・電話でも同様であったことが理解される。通信は政治的・社会的にも経済・産業的にもきわめて重要な存在だが、なによりもまず、人の思いを運ぶものであった。

技術や制度は自然発生しない。人間の欲望があって開発されるものである。大学のメディア関連科目で通信の成立を学ぶさいには、しばしば軍事・産業目的で開発された経緯が強調される。もちろん、それは事実である。

しかし、通信が市井の人々の個人としての思いを届けるものであったことも、また事実である。現代の私たちと同じような、歴史上に名を残すでもない普通の人々の、ごく個人的な思いを伝えるためにも、通信は発達してきた。

郵政博物館の常設展示では後者の側面が強調されており、メディア史の心あたたまる側面を伝えてくれる。通信は重要な内容も運んだが、個人にとってだけ価値のあるような、たとえば「元気でいてほしい」といった情愛を運ぶものでもあった。この博物館を訪れれば、展示された古い手紙などを見て、それを実感することができる。

貴重な切手のコレクションや書として価値のある手紙など、美的感覚に訴える展示物も充実している。明治時代の電話機や郵便ポストの姿は時代の風情を感じさせる。通信関連の描写を主とした絵画や版画を鑑賞することもできる。古い通信機など工芸技術品の観賞価値の高さも付記しておきたい。平賀源内のエレキテル、一九世紀のブレゲ指字電信機など、貴重な史料が保存されている。

郵政博物館の前身は一九〇二年に創設された。たいへん歴史ある博物館であり、移転前は学生にはやや入りにくい印象を与えたかもしれない。しかしながらこの博物館は、二〇一四年、東京スカイツリータウン・ソラマチに移転開館した。アクセスのよい新しい施設でほどよくコンパクトな展示を閲覧できるため、ぐっと身近な存在になった。行楽や買い物とあわせての気楽な、しかし実のある学習が可能である。

（社会情報学部社会生活情報学専攻／松本早野香）

46 鉛の活字におぼれる

印刷博物館（江戸川橋駅・飯田橋駅・後楽園駅／東京都文京区）

印刷業界最大手の凸版印刷（トッパン）が開設した、規模もコンテンツも申し分ない博物館。

最寄り駅は中央線の飯田橋。そこから目白通りをゆっくり一五分ほど歩けば、大きな複合施設に行き当たります。コンサートホールなども併設されていて、この地区一帯の文化センターたらんとする気構えが見えます。

博物館そのものも古今東西の印刷物を収蔵展示する器にとどまりません。活版印刷の体験コース、ワークショップの充実ぶりがすばらしいので、気合を入れて予約しておくのもよし、きまぐれに参加してもよし。子どもと参加するワークショップや大人のための活版ワークショップ、春休みや夏休みなどに企画されるワークショップ、その他、予約なしでもちょっと印刷機にさわらせてもらう程度の簡単コースもあって、参加へと誘う工夫がすばらしい。最後にはレバーをガチャンと引いて文言が活版活字で印刷される。それを銘々記念に持ち帰ることができるのが、すごくうれしい。

印刷のために用意された用紙の紙質もうるわしく、インクの濃い香りや紙の手ざわり、なんといっても印字が鮮やかで、活版印刷がどれほど美しいものか、デジタルなフォントばかり見慣れた目には新鮮でしょう。

鉛柱の細長い活字はいわば一文字ずつの判子（はんこ）で、これを「版に組み上げる」仕事は大変な根気仕事、江戸時代の木版彫刻の印刷とどちらが大変でしょうね？

さて展示物の方はといえば、エントランスをゆっくり進んでいくと、印刷術の世界史を辿っていくように設計されています。文化史的には版木による印刷と活字による印刷には大きな飛躍があって、活版印刷こそが画期的に人間の感覚を変えたと説いたマーシャル・マクルーハンの『グーテンベルクの銀河系』や『メディアの法則』を読んでおくと一層展示物めぐりが面白くなるでしょう。

どこの国が印刷術の最初の国かと競うと、韓国や中国も参戦するでしょうが、当博物館の目玉「百万塔陀羅尼」こそ、という主張もわが国にはあるのだそうな……。

次に来るのが、聖書普及に絶大な貢献をしたと俗に言われるグーテンベルクの四十二行聖書、よくよく眺めると、普及というにはあまりに巨大な本だなあとか、彩色も施されて豪華であること、活字の整列の仕方が木版時代より格段に正確で美しいことなど、文化史的な興味をだんだんに育てていくのに必要な特徴に気づかされます。

マクルーハンは活版印刷の登場をもって人間の従来の感覚比率が大変貌を遂げたと説いています。「感覚比率」というのは、人間が世界を思い浮かべるときの情報を視覚や触覚、聴覚など五感を通じて構成するときに、それぞれどのくらいの比率で使うかという問題です。ふつう視覚文化というと映像表象、芸術などのことと思われるのに、人間の視覚偏重傾向は、印刷物、それも活版印刷の登場によって激化するという。このうえなく美しく整列した活字の姿が、やがてプロイセン軍の隊列の原型を用意する……。小型化した聖書はドイツにプロテスタント誕生をうながし……かと思えばそんな高尚文化現象ばかりでなく、新しいメディアの隣で猥本文化が随伴する……。などなど、圧倒的な活字の奔流に溺れてみてはいかが？　ついには円城塔作幻視小説『文字渦』のような巨大フォントの渦が見えてくるかも。

（元比較文化学部比較文化学科／原研二）

47　ニュースパーク（日本新聞博物館）
（日本大通り駅・関内駅／神奈川県横浜市）

新聞の過去・現在・未来

新聞は長らくマスメディアの王者として君臨してきました。とりわけ巨大な発行部数を誇る全国紙がいくつも存在する日本は、新聞王国とみなされてきたのです。しかし、新聞は、インターネットの台頭によって、世界的に衰退の一途をたどっています。日本もその例外ではありません。全国紙の発行部数は近年激減しています。広告収入もネットに奪われています。皆さんの中でも毎日紙の新聞を読んでいるという人はとても少ないのではないでしょうか。新聞は存亡の危機にあると述べて過言ではありません。新聞はどこから来て、どこへ行くのか。ニュースパークは、それを考える上での材料を提供してくれています。

この博物館が横浜にあるのは、ここが日本で最初の日刊紙（横浜毎日新聞・一八七一年一月二八日創刊）の生まれた都市だからです。常設展示場においては、江戸期の瓦版から、現在に至るまでの新聞紙面が展示されています。ペリー来航を告げる瓦版は非常に興味深いものです。明治時代に生まれた日本の近代的な新聞は、目覚ましい発展を遂げていきますが、日中戦争に始まる戦時統制によって、報道の自由を喪失してしまいます。その反省の下に、戦後再出発を遂げたのです。常設展示場の「新聞のあゆみ」コーナーにおいて、そうした歴史を一望することができます。

新聞の記事を書くのは一部の人たちですが、新聞が印刷され、それを読者が手にするまでの間には、多くの人たちが関わっています。「新聞を知ろう」のコーナーでは、紙面づくりのプロセスや、宅配の仕組みについてわかりやすく解説をしてくれています。印刷技術の進歩に関する展示も興味深いものがあります。かつては一つ一つの活字を拾って印刷していたものが、今日のように電子化され、機械化されていく過程が、わかりやすく解説されています。記者たちが実際に使ったカメラやメモの展示も興味深いものです。

社会の抱える問題を鋭く指摘し、解決のための議論を活性化させていくこと。ジャーナリズムのもつ、そうした機能は、人工知能によって代替させることはできません。新聞協会賞を受けた優れた記事の展示は、そのことを痛感させてくれます。記者たちの勇気ある行動が、社会を変えていったのです。紙の新聞とともに、ジャーナリズムが消えてしまっては困ります。インターネット全盛の時代のジャーナリズムはどんな姿をとるべきかという問いに、同館の展示が十分に答えてくれてはいなかったことは、いささか残念です。

しかし、この博物館から学べることはたくさんあります。「記者が集まるパリのカフェ」を模したおしゃれなお店もあります。あるジャーナリストが、パリのカフェで、「バスチーユ！」とさけんだところから、フランス革命は始まりました。コーヒーを飲みながら、そうした歴史に思いをはせるのもよいでしょう。ぜひ訪れてみてください。

（人間関係学部人間関係学科社会学専攻／小谷敏）

48 モノが語る日本の戦中・戦後の生活

昭和館（九段下駅／東京都千代田区）

二〇二二年二月二四日からのロシアのウクライナ侵攻後、日常会話でも戦争・軍事が語られるようになった。日本政府がウクライナからの「避難民」の受け入れを支援する方針を示したこともあり、戦時下のウクライナの市民生活に関する報道も多く見られる。

近年、過去の日本の「戦争」と社会への関心が高まっている。「戦争と社会」の関係を問う学術研究（例）「シリーズ 戦争と社会」（岩波書店、二〇二二年～））が行われ、戦争中の市民生活を描いた映画も公開された。一九四五（昭和二〇）年、戦時下の広島県・呉市で懸命に生きた「すずさん」を描いた、映画「この世界の片隅に」（二〇一六年、原作・漫画『この世界の片隅に』（こうの史代））は、興行収入二〇億円を突破する大ヒットを記録し、続編「この世界の（さらにいくつもの）片隅に」（二〇一九年）も制作された。

靖国神社から九段下駅へ向かったところに「昭和館」がある。「昭和館」は、「戦没者遺族をはじめとする国民が経験した戦中・戦後（昭和一〇〔一九三五〕年頃から昭和三〇〔一九五五〕年頃までをいいます。）の国民生活上の労苦についての歴史的資料・情報を収集・保存・展示し、後世代の人々にその労苦を知る機会を提供する国立の施設」（「よくある質問」（昭和館ホームページ）より）である。主に「モノ」を通じて、戦中・戦後の日本に住んだ市民の生活を知ることができる。総合学習や平和学習の一環として、「昭和館」を団体見学する小中学校も多い。

常設展示は、六、七階にある。七階には、戦争が激しくなる少し前の一九三五（昭和一〇）年頃から、一九四五（昭和二〇）年八月一五日（終戦記念日）までの戦中のくらしの様子を多くの実物資料より窺い知ることができる。次に、六階では、終戦から『経済白書』に「もはや戦後ではない」と記された一九五五（昭和三〇）年頃までの戦後の暮らしが寄贈資料を中心に展示されている。「昭和館」では、「長期展示による資料の劣化を避け、また、できるだけ多くの方々からの寄贈資料を紹介するため例年二回、常設展示室を休室して一月と六月に展示資料の入れ替えを行っている」（『昭和館館報』（令和二年度）、五頁）ため、現物資料はいつも同じとは限らない。また、年表の展示もあるが、八つのブースごとに配布されている「子ども学習シート」

を一読してから現物資料を見ると、より理解が深まるだろう。

「昭和館」は、日本遺族会（戦没軍人の顕彰、遺族の福祉、慰藉（いしゃ）*などのために、遺骨収集、慰霊碑建立から靖国神社法制定、閣僚の公式参拝などをめざす圧力団体で、財団法人（『国史大辞典』参照））が当時の厚生省に働きかけて作った施設である。設立にあたり展示内容を検討した委員の間では、アジア・太平洋戦争をどうみるかをめぐり意見が分かれた。委員の辞任が相次いだ結果、「昭和館」では、戦争そのものについては語られていない。その代わりに、男性が戦地に出征した後の女性・子どもたちを中心とした、銃後の非戦闘員の戦争経験だけが「モノ」を通じて語られることとなった。

国際政治学者の藤原帰一は、『戦争を記憶する』（講談社新書、二〇〇一年）において、「昭和館」の展示を例に挙げ、「非戦闘員の経験として戦争の記憶が語られる限り、戦争の責任についての自省や開き直りは、あまり必要にはならない」（一一八頁）と述べている。「戦争責任を『一部の軍部』に追いやり、彼らを『国民』から外してしまうことで、『国民』は責任から免除される。政治責任を持つものは、戦争について責任を負わなければならないが、自分たちは被害者である以上、責任は負わない、という図式が生まれる」（一二二頁）という。この認識が、日本の平和主義と結びついている、と鋭く指摘した。

四階には図書室、五階には映像・音響室もあり、関連書籍・資料の調査も行うことができる。映像・音響室で公開されている、米国国立公文書館（NARA）から入手した写真・映像資料やオーストラリア戦争記念館から入手した映像資料は、特に貴重である。

また、昭和館のほど近くにある「しょうけい館　戦傷病者史料館」も併せて訪れたい。「しょうけい館」は、「アジア・太平洋戦争」の「傷病者やそのご家族の労苦をありのままに伝える実物資料や証言の展示をはじめ、野戦病院ジオラマや図書・映像などの閲覧提供」（「戦傷病者及び戦没者遺族への援護」（厚生労働省ホームページ）参照）する国立施設である。「厚生労働省戦傷病者等に対する援護施策の一環として、戦傷病者及びそのご家族が体験した戦中・戦後の労苦を後世代に伝えること等を目的として、二〇〇六（平成一八）年三月に開館」（同右）した。

漫画「ゲゲゲの鬼太郎」「総員玉砕せよ！」などで知ら

れる、水木しげる（本名・武良茂）に関する常設展示（作品・個人資料など）もある。水木は太平洋戦争時、激戦地であるラバウル（パプアニューギニア）に出征し、爆撃を受け左腕を失った。復員後、漫画家に転身したという。

なお、筆者が担当する「国際関係論」（大妻女子大学文学部コミュニケーション文化学科専門科目、文学部オープン科目）の主題は、日本と海外の国・地域との歴史認識問題である。日本の「戦争」に関する博物館を訪問するレポート課題では、紹介した二つの施設も候補となっている。

＊心の苦しみをなぐさめ、いたわること

（文学部コミュニケーション文化学科／松田春香）

49 平和祈念展示資料館（都庁前駅・新宿駅・西新宿駅／東京都新宿区）

「棄兵・棄民」の苦悩を語り継ぐ

三一〇万人に及ぶ日本人犠牲者を出した「アジア・太平洋戦争」終結から八〇年近くが経つ。「戦後生まれ」が日本の総人口の八割を超えた。また、戦争体験者の高齢化に伴い、その経験や記憶をどのように語り継ぐのかも差し迫った課題となっている。

西新宿の高層ビルの一角にある平和祈念展示資料館（総務省委託）は、「さきの大戦〔第二次世界大戦〕における、兵士、戦後強制抑留者および海外からの引揚者の労苦（以下、「関係者の労苦」）について、国民のより一層の理解を深めてもらうため、関係者の労苦を物語る様々な実物資料、グラフィック、映像、ジオラマなどを戦争体験のない世代にもわかりやすく展示」（資料館パンフレットより）することを目的として、二〇〇〇（平成一二）年一一月に開設された。

展示は、兵士（特に「恩給欠格者」（軍歴が短いなどで年金や恩給＊が受けられない人））、戦後強制抑留者、海外からの引揚者の三つのパートからなる。その背景として、日本政府による「棄兵・棄民」政策がある。海外に多数の兵士を送ったものの、満足に補給もしなかった。また、旧・満洲（現・中国東北部）への農業移民を国策として推奨したにも拘わらず、敗戦後何ら支援を行わなかった。多くの犠牲が生まれたが、戦後は国民皆が戦争の被害に遭ったのだから我慢しなさい、という「受忍論」を展開し、日本政府が彼ら彼女らの「賠償」に長い間応じてこなかったことがある。以下、展示内容を紹介する。

一八七三（明治六）年に発布された徴兵令により、満二〇歳（一九四四（昭和一九年以降は一九歳）に達した男性は徴兵検査を受け、その合格者は兵士となることが義務付けられたため、国民の義務として多くの一般の人々が軍隊に召集された。その色から「赤紙」と呼ばれた臨時召集令状、身元を確認できるよう、部隊番号や氏名、個人の番号が刻まれた金属板の「認識票」などの現物資料を見ながら、厳しい軍隊生活や戦場の拡大・戦局の悪化に伴い犠牲者が増加した現実を知ることができる。

次の「戦後強制抑留コーナー」では、「シベリア抑留」の歴史を学ぶことができる。「シベリア抑留」という用語を高校の日本史教科書で目にしたことがあっても、その詳細までは習わなかった方々も多いかもしれない。「シベリア抑留」とは、一九四五（昭和二〇）年八月九日ソヴィエト社会主義共和国連邦（ソ連）の対日参戦により旧・満洲や朝鮮半島北部などへの侵攻を開始した後、北方のシベリアやモンゴル人民共和国などへ抑留され、労働を強制された。抑留された日本の軍人・軍属や一部民間人は、約五七万五千人に及び、約五万五千人が命を落とした。ラーゲリ（収容所）の模型や強制労働で使った道具、手作りの食器、体験者が描いた絵画などにより、過酷な環境や悲劇を目の当たりにするだろう。

二〇一〇年に「戦後強制抑留者に係る問題に関する特別措置法」が制定された。抑留期間に応じて二五万〜一五〇万円を一時金として支給することとなった。また、日本政府に対し、強制抑留の実態解明などを義務づけているが、実態解明はほとんど進んでいないという（富田武（二〇一六）『シベリア抑留』（中公新書））。

最後の「海外からの引き揚げコーナー」では、日本による植民地支配などを背景に、旧・満洲、朝鮮半島、台湾、南樺太などに住んでいた人たちが、一九四五年八月の日本の敗戦後、生活のすべてを失い、避難所・収容所でのつらい生活を経て、日本へ引き揚げてきた実態がよくわかる。

海外から引き揚げた民間の日本人は、合計で約三二〇万人にのぼり、なかでも旧・満洲からの引揚者が最多だった。

一九二九（昭和四）年の世界恐慌による長引く不況と人口増加を背景に、満洲事変、満洲国建国翌年の一九三一（昭和七）年より、当時の拓務省（一九二九〜四二年、日本の植民地行政を統括した中央官庁）が中心となって、余剰農民を満洲に移住させるという計画を立てた。資料館の展示には明確に書かれていないが、「満州開拓は国がその国策として行った」（『海外移住事業団十年史』（一九七三）一六頁）結果、開拓団や青少年による満蒙開拓青少年義勇軍などが満洲に入植した。一九四五（昭和二〇）年には、約一五五万人の日本人が満洲に居住していた。同年八月九日のソ連の対日参戦後、働き盛りの男性が軍隊に入っていたため、残された女性、子ども、老人だけで引き揚げなければならず、事態は凄惨を極めた。

史実および実体験者からの複数の証言をもとに同資料館が作成した、オリジナルマンガ『戦後強制抑留　シベリアからの手紙』、森田拳次（引揚げ者）『満州からの引揚げ　遥かなる紅い夕陽』も無料で配布されている。手に取って、過酷な経験を追体験してほしい。

また、毎月第三日曜日に開催されている、実際に引揚げを体験した「語り部」によるお話し会は、悲惨な戦争経験を直接聞く貴重な機会である。

なお、筆者が担当する「国際関係論」（大妻女子大学文学部コミュニケーション文化学科専門科目、文学部オープン科目）の主なテーマは、日本と海外の国・地域との歴史認識問題である。日本の戦争に関する博物館を訪問するレポート課題では、同資料館も候補地の一つとなっている。「図書閲覧コーナー」では、関連図書を自由に閲覧できる。本学近くの千鳥ヶ淵戦没者墓苑（千代田区三番町二）には、「戦後強制抑留・引揚死没者慰霊碑」もある。ぜひ訪れてみてほしい。

＊恩給とは、佐賀の乱・台湾出兵を背景に一八七五（明治八）年に発足した「旧軍人等が公務のために死亡した場合、公務による傷病のために退職した場合、相当年限忠実に勤務して退職した場合において、国家に身体、生命を捧げて尽くすべき関係にあった、これらの者及びその遺族の生活の支えとして給付される国家補償を基本とする年金制度」（総務省HP）である。

（文学部コミュニケーション文化学科／松田春香）

50 戦争と女性について考えてみませんか？

アクティブ・ミュージアム 女たちの戦争と平和資料館（wam）
（早稲田駅・西早稲田駅／東京都新宿区）

設立の経緯と理念

地下鉄早稲田駅から五分ほどの所にある早稲田奉仕園敷地内のAVACOビルの二階に、アクティブ・ミュージアム「女たちの戦争と平和資料館」（略称wam）はある。それはこじんまりとしたミュージアムだが、大切で重いメッセージを発しつづけている。

同館は、日本軍性奴隷制を裁いた「女性国際戦犯法廷」を発案し、その実現に奔走した元朝日新聞記者の故松井やよりさんの遺志を継承し、日本初の戦時性暴力に特化した記憶と活動の拠点として、二〇〇五（平成一七）年に開館した。

そして、①ジェンダー正義の視点で戦時性暴力に焦点をあて、②被害と同時に加害責任を明確に、③平和と非暴力の活動の拠点を目指し、④民衆運動として、⑤国境を越えた連帯活動を推進する、という五つを基本理念として掲げて、「被害女性たち一人ひとりの存在と人生に出会える場」を目指して運営されている。

パネル展示――戦時性暴力

同館の中心であるパネル展示コーナーの常設展では、アジア各国の日本軍による性暴力被害者のポートレート、女性国際戦犯法廷の概要、日本軍性奴隷制の責任者のパネル、アジア全域にわたる慰安所を示した「日本軍慰安所マップ」、「慰安婦」年表等が展示されている。また、展示スペースの大半を使用して年に一、二回、被害国別・テーマ別の特別展も開催されている。例えば「女性国際戦犯法廷のすべて～『慰安婦』被害と加害責任」「中学生のための『慰安婦』展～すべての疑問に答えます！」「ある日、日本軍がやってきた～中国・戦場での強かんと慰安所～」「日本人『慰安婦』の沈黙～国家に管理された性」等、これまで二〇回近くの展示を重ねている。

隣接の資料閲覧コーナーでは、日本政府に対して提訴された「慰安婦」裁判や女性国際裁判法廷を、日本で唯一閲覧できる。ここには「慰安婦」関係の書籍・雑誌・論文・映像資料・軍関係資料の他に、支援団体の活動記録、ミニコミ誌、機関誌、NHK番組改ざん裁判記録のファイル、海外の資料等が所蔵されており、貸し出しはしていないが閲覧可能である。

多彩な活動

さらに、ニューズレターの発行、特別展に合わせたセミナー・シンポジウム開催、特別展パネルの図録刊行や、談話会の開催、展示パネルの貸し出し等の教育活動、日本軍「慰安婦」問題をめぐる調査活動や連帯行動等の実践活動、公文書を含む「慰安婦」関連の文書資料や映像資料等の収集・整理・保管というアーカイブ事業等、精力的な活動が展開されている。こうした活動に対して、パックス・クリスティ平和賞（二〇〇七年）、日本平和学会・平和賞（二〇一三年）が授与された。被害女性たちのパネルに向き合い、その一人ひとりの存在と人生に思いをはせて、戦争と女性という問題についてぜひ考えてほしい。

なお、同館の詳細をさらに知りたい方は、アクティブ・ミュージアム「女たちの戦争と平和資料館」編『ミュージアムへ行こう！　日本軍「慰安婦」博物館ガイド』（二〇一七年）、吉見義明『従軍慰安婦』（岩波新書、一九九五年）、金富子・小野沢あかね編『性暴力被害を聴く――「慰安婦」から現代の性搾取へ』（岩波書店、二〇二〇年）を参照されたい。

（比較文化学部比較文化学科／石川照子）

51 東京大空襲や戦争を考える時には訪れてみて！

東京大空襲・戦災資料センター（住吉駅・西大島駅／東京都江東区）

いまから八〇年近く前に東京は、空襲により一〇万人近くの犠牲者を出し、焼け野原になったことを学生の皆さんは知っていますか。高校の日本史の時間に教わりましたか？　私の子どもの頃には傷痍軍人という人たちが銀座や渋谷の駅近くでアコーディオンを片手で弾きながら立っていた姿が身近にありました。両親からも戦争体験や東京大空襲のことを聞くことがありました。しかし、現在の学生さんたちは東日本大震災の体験すらも過去の体験となりつつあるようです。戦争体験の風化が叫ばれて久しいですが、東京大空襲のことを学ぶには江東区にある「東京大空襲・戦災資料センター」をぜひ訪ねてみて下さい。

三月一〇日は何の日か知っていますか？

東日本大震災と元気よく答えてくれる人がありますが、それは二〇一一年三月一一日です。

一九四五（昭和二〇）年三月一〇日は東京が焼け野原になった日です。「けんかと火事は江戸の華」と言われるように昔、江戸では大火が何度もありました。しかし第二次世界大戦末期の東京大空襲は市民を対象にした無差別爆撃でした。私たちの大妻女子大学も火の手に巻き込まれほぼ全焼しました。三月一〇日午前零時の空襲は大規模でB29爆撃機約三〇〇機によって一六六五トンにのぼる大量の焼夷弾が投下された空襲でした。東京大空襲慰霊祭も毎年この日に行われています。

東京大空襲は三月一〇日だけですか?

東京への空襲は三月一〇日だけではありませんでした。一九四四年一一月二四日からはじまり一九四五年五月二六日まで約半年つづきました。空襲はおよそ三つの時期に分かれます。第一期は中島飛行機武蔵製作所など軍需工場を目標とした爆撃でした。第二期は、三月一〇日の下町空襲という市街地そのものを対象にした爆撃です。第三期は四月から五月にかけての山の手空襲です。この半年間で区部はほとんど焼き尽くされました。区部の爆撃は約六〇回、多摩地域への爆撃は四〇回、伊豆諸島、小笠原地域は三二回の爆撃が行われました。実に東京都に対しては一三〇回を超える爆撃空襲が行われました。

東京への空襲は一九四四年一一月がはじめてだったのですか?

いえ違います。アメリカ軍による東京爆撃はその前にも一度ありました。日本軍による真珠湾奇襲攻撃から約半年後の一九四二年四月一八日に航空母艦ホーネットを発進したB52爆撃機一六機のうち一三機は東京に向かい爆撃しました。これが日本本土に対する最初の空襲でドーリットル空襲といいます。皮肉な巡り合わせですが、東京では当日防空訓練が行われていました。模擬敵機が来たと勘違いして手を振る人さえあったそうです。その爆撃のさまを目撃した小学生が、そののち東京大空襲・戦災資料センターの設立に尽力し永らく館長を務められた早乙女勝元氏です。当時一〇歳、向島区寺島国民学校五年生だった早乙女少年は学校での当日の体験を「東京が燃えた火」(岩波ジュニア新書)の中で書いています。

どうして一九四四年頃から東京への空襲がはじまったのですか?

この頃から東京への空襲が始まったのには理由があります。一つ目は一九四四年にソロモン諸島のサイパン島、グアム島、テニアン島を米軍は占領しました。米軍はすぐに飛行場を建設し、ソロモン諸島を前線基地として本土全体に爆撃を行う足かがりを確保しました。二つ目には「超空の要塞」と呼ばれるＢ29長距離戦略爆撃機です。三月一〇日はソロモン諸島からＢ29が三〇〇機編隊を組んで出撃しました。Ｂ29は航続距離九千キロメートル、スピードは零戦よりも速い時速五八七キロメートル、日本の高射砲も届かない高度を維持することができました。

空襲が行われたのは東京だけだったのですか？

空襲が行われたのは東京だけではありません。一九四四年一一月から日本本土に襲来したＢ29は延べ一万六千機にのぼります。東京はじめ、大阪、名古屋、神戸など、北は北海道から南は沖縄までの全国六〇都市が空襲を受けました。犠牲者は正確な数はわかりませんが五六万人と推計されています。日本全国を爆撃しても日本は降伏しませんでした。その結果八月六日の広島、八月九日の長崎の原爆投下の惨劇を招く結果となりました。

私は八王子市に住んでいますが、八王子空襲は八月二日未明に約三一〇機の爆撃機により行われ二二五名の方が亡くなられました。八王子の空襲にまつわる話を書き留めます。

一つは、品川の原国民学校の児童が元八王子に学童疎開していました。一九四五年七月八日に米軍機Ｆ51による機銃掃射により四年生の神尾明治さんは死亡しました。お母様は明治さんが使っていたランドセルを、明治さんに一番似ていると思われるお堂のお地蔵さまにかけて帰られました。お母様も翌年亡くなられて、いまでもランドセルはお地蔵さんにかけられたままになっています。相即寺延命閣地蔵堂のその地蔵さまはランドセル地蔵と言われるようになりました。二つ目は、八月五日のお昼過ぎに中央線高尾駅を出た長野駅行きの列車がいのはなトンネルにさしかかった際にＰ51機の銃撃を受けました。二両目ぐらいまでがトンネルに入り、それ以降の車両が繰り返し機銃掃射をうけました。これがいのはなトンネル機銃掃射事件といいます。

このような事例は全国各地にあります。皆さんが住んでいる地域の空襲の爪痕や戦時遺産についてぜひ調べてみてください。

焼けあとでの卒業式

大妻コタカ先生は三月九日夜のことを以下のように書い

ています。

「せめて、今の中に二〇名の寮生を安全に！と、学校の地下室に避難させた。どこかで大きな何かが倒れる音、生きた心地がしない。すごい音がして、寮の上に焼夷弾が落ち燃え出した。二階へ上がって縄火消しでたたいて消したが、火が飛ぶのと火力が強くてどうにもならない。やがて隣組長の瀬川さんが来て、「もうダメです。先生！　危ないから逃げて下さい」」（『大妻学院八〇年記念誌』）。

コタカ先生が学生の安全と学校を守ろうと孤軍奮闘されていた姿が思い浮かびます。この東京大空襲のあと三月一八日に焼けあとの中での卒業式が行われました（写真参照）。

「講堂は全焼してしまったので、本校前のグランドで、焼け残った肋木を背に卒業式を挙行した。……名残を惜しみつつ、お互いの無事を祈りながら、涙とともに共に分かれた。この日、三月九、一〇日の空襲で罹災して出席できなかった生徒もあった。思い出深い卒業式である」（『大妻学院八〇年記念誌』）。

私ははじめてこの写真を見た時、大変感激をしました。大妻先生の教育の姿を垣間見ることができたように思いました。

戦争による悲劇を二度と繰り返してはなりません。そのためにも東京大空襲・戦災資料センターを訪ねてみてください。

1945 年の卒業式

（大妻コタカ記念会所蔵）

（社会情報学部情報デザイン専攻／炭谷晃男）

52 21世紀型の芸術、メディア・アートの殿堂

NTTインターコミュニケーション・センター
（初台駅／東京都新宿区）

キャリア教育に携わっている立場から言うと、社会が新卒の学生に期待しているのは専門的知識よりはいわゆる社会人基礎力、すなわち「前に踏み出す力」「考え抜く力」「チームで働く力」の三つの能力である。会社紹介の経営陣や人事部長からのメッセージにある「これからの我が社に求められる人材」は判で押したように「安易に正解を探すのではなく、正解のない問題に取り組むチャレンジ精神あふれた人材」と書かれている。これらの能力は日々の学生生活の中で養われるべきものであるが、実はミュージアムという空間でも養成することができる。そのような社会で要求される能力を養成するためにうってつけのミュージアムがここで紹介するNTTインターコミュニケーション・センター（以下、ICC）である。

展覧会のポスターや半券に使われている一押しの作品を会場で発見しただけで、その展覧会を見た気分になってしまうのは「ミュージアムあるある」である。上記の人事部長のメッセージで言うならば「安易に正解を探してしまう」行動パターンである。こういう行動を続けている限り、「正解のない問題に取り組むチャレンジ精神」を育むことはできない。

そういう点でこのミュージアムには「正解」が用意されていない。ミュージアムが自分なりの正解を導き出す空間であるといってよいであろう。

ICCは京王新線初台駅に直結した五十四階建ての東京オペラシティタワーの四階と五階にあり、隣の建物である新国立劇場ではオペラやバレエが上演されている。

国立劇場は歌舞伎や文楽などの伝統芸能の劇場として一九六六年に完成したが、この際に国は伝統芸能以外のオペラ、演劇などの舞台芸術の施設建設を検討することを付帯決議している。一九八〇年代から国による本格的なオペラハウスの建設構想があり、初台駅周辺に新国立劇場と東京オペラシティタワーが建設されることとなった。新国立劇場は一九九七年に、東京オペラシティタワーは一九九六年

にそれぞれオープンした。この動きと並行し、それまで千代田区内幸町にあったＮＴＴの本社が、一九九五年にこれらの隣に完成した二十九階建ての新しいビルに移転している。新宿から一駅離れた初台の町はこれらの近代的な建物の出現により大きく変化した。

一九九〇年に電話事業一〇〇周年を迎えたＮＴＴが記念事業として作った文化施設がＩＣＣである。この施設は二十一世紀型芸術であるメディア・アートの殿堂となることを目指した。コミュニケーションを扱うＮＴＴとはいえ、メディア・アートは未知の領域であり、社内外の英知を集結した。バブル期の一九九〇年から基本構想が検討され、ＩＣＣというミュージアムのオープンの前に様々な実験的なイベントを重ねた。メディアの可能性を探るイベントを行うとともに、「InterCommunication」という季刊誌を発刊した。未来のメディアはどうあるべきか、メディアを利用したアートにはどのようなものがあるか、という壮大な実験をネット上だけではなくリアルな場でも、ワークショップ、パフォーマンス、出版を通じて行い、ほぼ八年の準備期間を経て一九九七年に施設のオープンを迎え、現在はＮＴＴ東日本が運営している。

この施設のオープンに向けて参考にしたのは主に欧州で同様の展示を行っている博物館、美術館である。当時、フランスに駐在していた私は、パリのポンピドゥー・センターで企画展が始まれば、初日に行って写真を撮りまくり、フィルムと図録をそのまま国際宅急便で日本に送り（当時は写メとかメール添付などという技はなかった）、ベルギーのブリュッセルの郊外にあるアーティストのアトリエを訪問してヒアリングを重ねた（ボイスレコーダーなどというものはなかったので、カセットテープで録音した）。今となっては懐かしい思い出であるが、ＩＣＣを訪れるたびに展示やワークショップが変化していることに驚きを感じる。

このＩＣＣを訪問すると、展示も興味深いが、それ以上に各種のワークショップやイベントが行われており、メディア・アートがまさに生きた芸術であることを感じることができる。そしてこれらのワークショップやイベントは参加できるものもある。まさに正解のない世界の中でチームで作品を作り上げていく疑似体験をすることができるのである。

メディア・アートの特性として、かつての展示等がアーカイブという形で閲覧が可能になる。それらをさかのぼると、発足当初はメディアあるいはデジタル技術そのものをアート作品としてとらえているものが主流であったが、最近はメディアやデジタル技術が既存のアートをどのようにエンパワーするかという先進テクノロジーの可能性にチャレンジしているケースが多いように感じる。また、先述の季刊誌「InterCommunication」は既に廃刊となっているが、それ自身がメディア・アートの成果物と認められ、東京国立近代美術館の所蔵作品として展示されている。

インターネットもスマートフォンもないに等しい時代にメディアの可能性を信じた先人の心意気を感じ取ることのできるミュージアムである。インターネットやスマートフォンが簡単に正解に行きつく道を提供している今日だからこそ、メディア・アートという正解のない世界に身を投じることによって自らを成長させてほしい。インターネットやスマートフォンが我々の生活を変えたように、メディア・アートを通じて若い世代に社会を変えてほしいと願う次第である。

（キャリア教育センター／井上俊也）

53 目黒寄生虫館（目黒駅／東京都目黒区）
世界でただ一つの寄生虫博物館

目黒区にある「目黒寄生虫館」をご存知ですか？　目黒寄生虫館とは、寄生虫を専門に扱った世界で唯一の博物館と言われています。医学博士の亀谷了が私財を投じて一九五三年に創設した寄生虫学専門の私立博物館で、二〇一三年四月から公益財団法人に移行し、今日に至っています。六階建ての建物で、寄生虫分類学研究センターも兼ねており、国内外から収集した約六万点に及ぶ寄生虫の標本を所蔵しています。一、二階が展示室で、決して広いとは言えませんが、特に重要な三〇〇点の寄生虫の標本が展示されています。ホルマリン漬けになったグロテスクな寄生虫がずらりと並んでいる様は、一種異様の光景ですが、一見の価値あると思います。

さて、一階では「寄生虫の多様性」をテーマに様々な動物群に属する多様な寄生虫の姿を標本や動画等で紹介し、二階では「人体に関わる寄生虫」というテーマで、寄生虫のライフサイクルや人間に感染した場合の症状、日本の寄生虫学研究の歴史などについて解説しています。二階の展示室では、長さ、八・八メートルのサナダムシ（日本海裂頭条虫）を見ることができます。こんな大きい得体の知れない生き物が、人に寄生するのですね。

目黒寄生虫館は、寄生虫学への理解を深める資料として、寄生虫学関連書籍や定期刊行物「むしはむしでもはらのむし通信」を刊行。また、教育・研究機関を対象に、寄生虫卵・プレパラート標本の販売もしています。さらに、寄生虫学への興味関心を高める一環として、オリジナルグッズのTシャツ（立体サナダムシ柄）やストラップ（寄生虫、アニサキス・ニベリン条虫を樹脂に封入したもの）等も販売しています。

目黒寄生虫館はもちろん学術的ですが、その目黒寄生虫館が近年、隠れた人気デートスポットとなっているようです。私が、今から数年前の平日・午後に訪れたときには、約一時間の滞在中に若い二カップルと出会いました。寄生虫を見ながら愛を語っていたのでしょうか。今から思い出しますと、隠れた人気デートスポットと言われていることも嘘ではないようです。他に、外国の方や女性数人が見学に来ておりましたが、本当に静かな寄生虫専門の博物館でした。一度、訪ねてみてはいかがでしょうか。

（家政学部食物学科／堀江正一）

54 国立天文台三鷹キャンパス

（武蔵境駅、調布駅からバス／東京都三鷹市）

過去から未来へ　私たちの宇宙を知る

国立天文台は、世界最先端の観測施設を擁する天文学の研究機関です。その本部が、三鷹市（三鷹キャンパス）にあります。筆者は、学生時代からお世話になっており、現在も研究のためによく訪れます。

この三鷹キャンパスには、一般市民のための見学コースが設けられています。見学コースに沿って歩くと、一九三〇（昭和五）年に完成した「アインシュタイン塔」をはじめとする様々な歴史的建造物を見ることができます。また、見学できる観測装置には、「ゴーチェ子午環」、「レプソルド子午儀室」、「自動光電子午環」という普段は聞くことのない魅惑的な名前のものがあります。子午儀とは、天体の位置を精密に観測する望遠鏡です。これらの子午環がどのように天体の位置を観測していたのか、見学して確かめてみてください。その他、筆者のおすすめの観測装置は、筆者が大学院生の時に使用していた「六メートル波電波望遠鏡」です。筆者はこの望遠鏡で多くの観測を行いました。日本で初めて宇宙からの微弱な電波（ミリ波）をとらえた、筆者にとってとても可愛く素敵な望遠鏡です。この望遠鏡を使ってどのような観測成果を挙げたのかは、見学後にぜひ筆者までおたずねください。お待ちしています。また、建造物や観測装置だけではありません。三鷹キャンパスでは、最先端の天文学の研究成果も楽しむことができます。スーパーコンピュータによるシミュレーションのデータや最新の観測装置から得られるデータを、科学的に可視化した立体映像を楽しめる4D2Uシアター（要予約）がそうです。

さらに、三鷹キャンパスの敷地内には、三鷹市が運営している「星と森と絵本の家」もあります。これは、大正時代に建てられた、代々の天文台職員の住まいであった建物を利用した絵本の展示場です。畳の部屋に数多くの宇宙・地球・生命に関する絵本が展示されており、絵本を読みながらゆったりとした時間を過ごすことができます。

人類は、天を見上げ、そこに法則性を見出し、農耕などを営んできました。そして今では、一般人でも宇宙へ飛び立てる時代となりました。それでも、人類はまだ宇宙のほんの一部しか理解していません。みなさんは普段、夜空を見上げることはありますか？　大妻女子大学の市ヶ谷キャンパスでも、金星などの惑星やおおいぬ座のシリウスなどの一等星を見つけることができます。天体の光を認識する、これが私たちの宇宙での立ち位置を知る第一歩です。夜空を見上げた後は、国立天文台を見学して、私たちがどのように宇宙を理解してきたのかを学んでください。また、天文学は常に新しい発見がなされている最先端の学問です。みなさんの普段の生活の中に、過去から未来につながる天文学の奥深さとその神秘に触れてみる時間を少しでももってもらえると嬉しいです。

（社会情報学部環境情報学専攻／下井倉ともみ）

55 世界とつながり「豊かさ」を問い直すグローバル体験ゾーン

ＪＩＣＡ地球ひろば（市ヶ谷駅／東京都新宿区）

「ＪＩＣＡ地球ひろば」は、世界のさまざまな課題と国際協力について学ぶことができる、ＪＩＣＡ（国際協力機構）が運営する施設です。ＪＩＣＡは、開発途上国に対する日本の二国間政府開発援助を行う機関で、青年海外協力隊や自然災害の際の国際緊救援助隊の派遣を行っていることで皆さんも耳にしたことがあるかもしれません。

今回ご紹介する「ＪＩＣＡ地球ひろば」は、市ヶ谷駅から徒歩一〇分の丘の上に位置しています。そこでは、実際に見たり触れたりしながら、二〇三〇年までに地球環境を守りつつすべての人が豊かに生きることを目指す、国連の「持続可能な開発目標（ＳＤＧｓ）」の一七目標について学ぶことができます。

入るとすぐに目に飛び込むのがＬＥＤパネルでできた巨大な地球です。タッチパネルに触れると、迫力ある映像とともに地球体験の始まりです。日本では大量の食糧が廃棄されている一方で、世界では四人に一人の子どもが栄養不足に悩むという矛盾した現実。安全な水が手に入らないために下痢症にかかり命を落とす子どもたちやさまざまな理由で学校に通えない子どもたち。長期化する戦争や紛争で増えつづける難民。気候変動で頻発する大災害や、干ばつでわずかな生活の糧すら奪われていく人々。開発途上国の子どもたちが運ぶ水の入ったバケツの重さやすし詰め状態の教室などを疑似体験したり、クイズに答えたりしながら、ＳＤＧｓの課題が複雑に絡み合っていることを理解できます。同時に、世界の問題の多くは、植民地主義から連なる不均衡な社会構造や、近代以降追い求められてきた物質的な豊かさを追求する態度によっても生み出されていることに気づかされます。

企画展示のテーマはシーズンごとに入れ替わるので何度通っても新しい学びがあります。ファッションがテーマの展示では、私たちが着ている服の多くが開発途上国で作られ、生産現場では児童労働や環境破壊も起きている現実を理解します。そして、私たちが人や自然にやさしい素材で作られた服を買い、大切に使いつづけることも問題解決の一歩になることを知り、国際協力は実は身近なものと気づかされます。

わからないことがあってもどうぞご安心を。元青年海外協力隊員の「地球案内人」と呼ばれるスタッフが世界各地での経験も踏まえて丁寧に教えてくれます。学生に人気なのが、世界中から集められた民族衣装を好きなだけ着て写真を撮れるコーナー。それぞれの土地の文化が育んだ美しい民族衣装をまとった写真はインスタ映え間違いなしです。お腹がすいたら二階に併設されているJ's Caféに行きましょう。隔月ごとに異なる国の大使館お墨付きの珍しいお料理を手頃な値段で堪能できますよ。

「見て」「聞いて」「触って」「着て」「食べて」――多様性に満ちた世界を体感し、地球社会の共通する課題解決のため自分たちができることを考える――ここはそんなきっかけをくれる場所なのです。

（文学部コミュニケーション文化学科／興津妙子）

56 ロマンスカーミュージアム（海老名駅／神奈川県海老名市）
子どもたちの夢を乗せて

話が私事に及び恐縮ですが、筆者は一九九九年に大妻女子大学に着任以来、今日にいたるまで、小田急小田原線沿線の相模大野に住んでいます。勤務地である多摩キャンパスは、小田急多摩線の終点。小田急電鉄は筆者にとって欠かすことのできない、生活の足なのです。そして相模大野はロマンスカーの停車駅でもあります。わずか数百円の特急料金で贅沢な旅行気分を味わうことのできるロマンスカーは、筆者の生活に潤いを与えてくれています。

一九二三（大正一二）年に開業した小田急電鉄は、二七年に小田原線が、二九年に江ノ島線が開業しています。開業間もない時期に世界大恐慌による打撃を受けた小田急電鉄は、経営基盤が安定しませんでした。起死回生策として打ち出したのが、新宿と東京圏有数の観光地箱根を控えた小田原を結ぶノンストップ列車の運行です。この列車が、ロマンスカーのひな型となりました。そして戦後、一九五七年に特急専用車両３０００型ＳＥ車が生まれたことによって、現在のロマンスカーのイメージが確立されていきます。

ロマンスカーミュージアムは、二〇二一年に開業しています。入館して最初に目にするのは、小田急開業当時に走っていた、モハ1形電車の展示です。その傍らには、小田急の歴史を紹介するビデオが流れています。この一画は、「ヒストリーシアター」と呼ばれています。

この博物館最大のみどころは、最初の特急専用車両3000型SE車をはじめ、現在は退役した五台のロマンスカーを展示した「ロマンスカーギャラリー」です。歴代のロマンスカーの実物を一挙にみることができるのですから、鉄道ファン垂涎の展示と言えます。鉄道ファンならずとも、幾度かロマンスカーに乗ったことのある人なら、いずれかの車両に強い郷愁を覚えるはずです。

小田原線、多摩線、江ノ島線の小田急全沿線を再現し、精巧に作りこまれた模型の間を電車が走る「ジオラマパーク」も、一見の価値があります。世田谷あたりで、東京農業大学の応援団と思しき一群に大根踊りをさせる芸の細かさは、感動的ですらあります。館内を流れるビデオとジオラマを通して、小田急沿線の歴史と地理とを学ぶことができます。

子どもは電車が大好きです。その中でもロマンスカーは、格別の人気があります。筆者が同館を訪れたのは二〇二二年の八月。夏休みも終わりにさしかかったころでした。ロマンスカーの運転を疑似的に体験できる装置や、工作室が置かれた「キッズロマンスカーパーク」は、子どもたちに大人気です。両親や祖父母に連れられた子どもたちが、たくさん訪れていました。男の子ばかりではなく、女の子の姿も目立ちます。ジェンダーフリーの波が、こうしたところにも押し寄せていることを痛感させられた一日でした。

（人間関係学部人間関係学科社会学専攻／小谷敏）

中山愛理	短期大学部国文科	[19]
鍋島稲子	台東区立書道博物館	[7]
貫井一美	比較文化学部比較文化学科	[1]
林原泰子	家政学部ライフデザイン学科	[13] [31]
原研二	元比較文化学部比較文化学科	[46]
原田龍二	社会情報学部情報デザイン専攻	[29]
堀江正一	家政学部食物学科	[53]
松木博	短期大学部国文科	[14] [15]
松田春香	文学部コミュニケーション文化学科	[48] [49]
松村茂樹	文学部コミュニケーション文化学科	[3] [10]
松本早野香	社会情報学部社会生活情報学専攻	[44] [45]
宮田安彦	家政学部ライフデザイン学科	[23]
守田美子	文学部コミュニケーション文化学科	[38]
山崎志郎	社会情報学部社会生活情報学専攻	[42]
吉田光浩	文学部コミュニケーション文化学科	[12]
米塚真治	比較文化学部比較文化学科	[2] [4]

執筆者一覧（五十音順／氏名・大妻女子大学所属）

青木俊郎	大妻女子大学博物館	40
安藤聡	元比較文化学部比較文化学科	27
石井章仁	家政学部児童学科	21
石川照子	比較文化学部比較文化学科	18 50
伊藤正直	学長	22
井上俊也	キャリア教育センター	6 52
岩谷秋美	比較文化学部比較文化学科	5
上杉宰世	家政学部食物学科	24
榎本千賀	短期大学部国文科	36
大野真	文学部コミュニケーション文化学科	17 30
興津妙子	文学部コミュニケーション文化学科	55
加藤彩雪	比較文化学部比較文化学科	16
木村ひとみ	社会情報学部環境情報学専攻	8 9
グレゴリー・ジョンソン	比較文化学部比較文化学科	11
小谷敏	人間関係学部人間関係学科社会学専攻	47 56
是澤博昭	教職総合支援センター	34 35 41
齊藤豊	人間関係学部人間関係学科社会学専攻	39
坂田哲人	家政学部児童学科	20
佐藤円	比較文化学部比較文化学科	25
下井倉ともみ	社会情報学部環境情報学専攻	54
下田敦子	人間生活文化研究所	32
須藤良子	家政学部ライフデザイン学科	33
炭谷晃男	社会情報学部情報デザイン専攻	51
関本紀子	文学部コミュニケーション文化学科	26 27 43
髙塚明恵	大妻女子大学博物館	37
中島永晶	家政学部被服学科	28

〈大妻ブックレット7〉

ミュージアムへ行こう
知の冒険

2023年3月31日　第1刷発行　定価（本体1300円＋税）

編　者　大妻ブックレット出版委員会
発行者　柿　﨑　均

発行所　株式会社 日本経済評論社
〒101-0062 東京都千代田区神田駿河台1-7-7
電話 03-5577-7286　FAX 03-5577-2803
URL：http://www.nikkeihyo.co.jp
表紙デザイン：中村文香／装幀：徳宮峻
印刷：KDAプリント／製本：根本製本

乱丁・落丁本はお取替えいたします。　Printed in Japan

ISBN978-4-8188-2630-4

大妻ブックレット

①	女子学生にすすめる60冊	大妻ブックレット出版委員会編	1300円
②	英国ファンタジーの風景	安藤聡著	1300円
③	カウンセラーになる 心理専門職の世界	尾久裕紀・福島哲夫編著	1400円
④	AIのキホン 人工知能のしくみと活用	市村哲著	1300円
⑤	働くことを通して考える共生社会	村木厚子著	1300円
⑥	女子大生さくらの就活日記	甲斐荘正晃著	1400円
⑦	ミュージアムへ行こう 知の冒険	大妻ブックレット出版委員会編	1300円

表示価格は本体価格（税別）です。

日本経済評論社